下鴨神社

今宮神社

祇園祭　月鉾（左奥）と函谷鉾（右手前）（高島孝佳氏提供）

上・葵祭の路頭の儀
（中野貴広氏提供）
下・新日吉祭の剣鉾
（高島孝佳氏提供）

中公新書 2345

本多健一著

京都の神社と祭り

千年都市における歴史と空間

中央公論新社刊

はじめに

日本には、古くからの神々を祀《まつ》る場所として、約八万あまりの神社があるそうです（『宗教年鑑』）。ただし、これは宗教団体として登録されたものだけであり、もっと小さな祠《ほこら》や、沖縄の御嶽《うたき》のように特段の施設がない聖なる地も含めれば、より多くの数になることでしょう。そのような神社には、どんな小さな社《やしろ》であっても熱心にお参りする人々がいます。そして、そんな人々の信仰の結晶として、時に厳粛で、時に豪快で、時に華やかな祭という行事が各地で受け継がれてきているのです。

一方、古都といわれる京都の市内で登録されている神社は、約三〇〇あります（『京都府統計書』）。本書は、それらのなかから代表的な九つの神社（下鴨《しもがも》・上賀茂《かみがも》・松尾《まつのお》・稲荷《いなり》・八坂《やさか》〔祇《ぎ》園《おん》〕・北野《きたの》・上御霊《かみごりょう》・下御霊《しもごりょう》・今宮《いまみや》）と祭をとりあげて、歴史や特徴などを考察するものです。とくに祭については、これまでわかりやすい本がなかなかありませんでしたので、重点を置いて説明していきたいと思っています。また、あわせて、京都における神社の神々への信仰や祭をめぐる文化といったものも考えていきましょう。

とりあげる対象には、八坂神社の祇園祭《ぎおんまつり》や下鴨・上賀茂両神社の葵祭《あおいまつり》のように、全国的に有名なものもあれば、京都以外ではあまり知られていないものもあります。しかし、いずれも歴史が平安期までさかのぼるとともに、多くの京都在住の人々に支えられてきたという二つの意味で、京都を代表する神社や祭といえましょう（第一章。なお、本書ではそれら以外の重要な神社や祭、たとえば平安神宮《へいあんじんぐう》・時代祭《じだいまつり》などについても適宜とりあげていきます）。

平安期以来の歴史とは、おおむね千年以上の歳月を意味します。日本にいるとあまり意識しませんが、その地の住民によって千年以上も長く受け継がれてきた祭行事とは、世界的にきわめて珍しい存在といって過言ではありません。京都ではそういう祭がいくつもあるのです。実に驚くべきことといえるのではないでしょうか。

また、多くの京都住民に支えられてきたという点も重要です。なぜならば、延暦《えんりゃく》十三年（七九四）に平安京《へいあんきょう》へ都が遷《うつ》されて以来、現代に至るまで、京都は一貫して多くの人々が集まって住む都市であったからです。つまり、本書でとりあげる神社や祭は、都市の住民に育《はぐく》まれ、支えられてきたという共通点をもつのです。

同じ京都のなかでも、平安京造営以前からある神社と、それ以降に成立した神社とでは、もともとの性格はまったく異なっていました（第二章・第三章）。にもかかわらず、たとえば現代における それらの祭には、多くの類似した、しかも都市特有と思われる形式や内容が見出《みいだ》されます。なぜなのでしょうか。やはりこれは、各祭が都市住民の共有する信仰や願望、興味関心にあわせて、長い間に影響しあいながら変化し、結果として似通っていったためと考えられます。

さらに、都市で育まれた祭行事が、やがて地方に伝播《でんぱ》していったという事実も見のがせません。かつての花形であった出し物が、今の京都にはなく、地方にのみ残っている事例もあります（第七章・第八章）。すなわち、京都における祭の歴史や特徴を把握することは、それ以外の地域の祭を考えるためにも重要なのです。

したがって本書では、さまざまな神社や祭を、京都という都市のあり方と関連づけながら考察していきます。裏をかえせば、本書は、京都を「神々と祭礼の都市」として考える試みといえるかもしれません。

しかし、京都で執り行われている多くの祭は、まったく同じ形式や内容ではありません。それぞれの祭には、過去の歴史を踏まえた、固有の特徴が今も残っているのです。そしてこれらは、各祭を比べることでよく見えてくることです。つまり、時代を追って比較考察を重ねることにより、あまり知られていない祭はもちろん、有名な祭でも、従来は気づかれていなかった個性や魅力が浮き彫りになってくるといえましょう。

ゆえに本書では、各神社・祭を個別に、他と関係なく細切れのように説明する方法は、できるだけ避けたいと考えています。そうではなくて、なるべく複数の対象を比較しながら共通点・相違点を見出し、それぞれの特徴を探り、あるいは性格の近いもの同士を関連づけて叙述していくというスタイルをとっていきます。そのなかから、京都における神社の神々への信仰や祭をめぐる文化の全体像も見えてくると思います。

さいわい、本書でとりあげる京都の神社や祭は、過去に記録された史料（日記や古文書、絵画など）が豊富ですので、おおむね時代を追って歴史を復元していくことができます。しかし、史料だけでは、とくに祭同士の比較考察は十分にできません。なぜなら、祭とは現在も伝承されている行事なのですから、文字などで書かれたことばかりでなく、今行われているあり方も重要なのです。そのために現在の祭を観察し、いかに執り行われているのかを、とくに地図化して把握したうえで、たとえばなぜある場所で特殊な神事が行われるのかといった疑問を手がかりに、史料ではわからない隠れた歴史や特徴も探っていきたいと思います。本書のサブタイトルを「千年都市における歴史と空間」としたのは、このためなのです。

さあそれでは、いよいよ神々と祭礼の都市、京都の歴史と空間に踏み込んでいきましょう。

目次

第三章　都市・平安京に生まれた新しい信仰と神社

第六章　平安京の都市構造と結びついた祭――松尾祭と稲荷祭――109

第七章　平安後期から鎌倉期の祭
――祇園祭の神輿渡御と今宮祭を中心に――

第九章　戦国期から安土桃山期の祭——剣鉾を生んだ御霊祭を中心に——　197

第一章　京都を代表する神社・祭と都市の歴史

一　京都を代表する神社と祭

本書の目的

京都で思いうかぶ神社や祭は何かと問われたら、どのように答えるであろうか。たとえば、神社であれば八坂神社や下鴨・上賀茂両神社、祭であれば京都三大祭の葵祭・祇園祭・時代祭などをイメージすることが多いだろう。確かにこれらは有名であるとともに、歴史や特徴といった点でも重要な存在である。

しかし、京都における神社や祭とは、そのように有名なものばかりではない。「はじめに」でも述べたように、京都市内には約三〇〇もの神社がある。そして、それぞれの祀っている神々も、成り立ちも、あるいは行われている祭なども実にさまざまで、個性にみちているのでである。

ゆえに本書では、有名な神社や祭にも配慮しつつ、そこから視野を大きく広げてみたい。つまり、より多くの個性的な神社や祭をとりあげて歴史や特徴を説明していくとともに、これらを比較考察しながら共通点・相違点を浮き彫りにし、さらには、京都における神社の神々への信仰や祭をめぐる文化の全体像といったものにもせまっていきたいのである。

ただ、三〇〇もの神社をすべてとりあげるわけにはいかないので、そのなかから、とくに京都を代表すると思われる主要な神社を選んだうえで、それらの祭とあわせて考察していくことにしよう。この過程で、必要に応じてその他の京都、さらには京都と関連の深い地方の神社や祭などもとりあげていきたい。

京都を代表する神社

それではまず、京都を代表する神社を選択するために二つの基準を設定する。第一に、その歴史が平安期ないしそれ以前にさかのぼり、現代まで維持・継承されているということ、第二に、多くの京都住民に信仰され、支えられてきているということである。

第一の基準については、京都に関する過去の史料が数多く残されているので、歴史の古い神社を絞り込むことはそれほどむずかしくない。しかし、第二の基準は少々あいまいかもしれない。たとえば、何をもって神社が多数の住民に支えられてきたと判断できるのであろうか。これはなかなかむずかしい問題といえる。

したがって、より具体的な基準として、ある神社の祭神を自分たちの地域の守り神（産土神《うぶすながみ》ないし中世後期〔室町～戦国期〕以降の氏神《うじがみ》）として信仰する人々（氏子《うじこ》）、そして彼らが居住する地域（氏子区域）に着目してみよう。ある神社が鎮座する周囲には、多くの場合、その神社を地元の守り神として崇敬する氏子の人々が住んでおり、その結果、氏子区域といわれる宗教的な空間が形成されている（第四章参照）。そして、この氏子区域が広範囲におよべば、その神社を信仰する氏子が多数居住しており、その神社は多くの住民に支えられてきたと判断できるのである。

さいわい京都市内では、各神社の氏子区域がどのような実態になっているのか、その領域が図1―1のように地図化されている。これを見れば、いかなる神社が比較的広い範囲の氏子区域をもっているのか、すなわち多くの京都住民に支えられてきているのかがよく理解できるのである。

本書では、以上のような二つの基準をみたす神社を、京都を代表する主要な神社とみなしておきたい。その結果リストアップされるのは、下鴨神社・上賀茂神社・松尾大社・伏見《ふしみ》稲荷大社・八坂神社・北野天満宮《てんまんぐう》・上御霊神社・下御霊神社・今宮神社の九社であり、それぞれの概要は表1―1のとおりである。なお、最初にあげた下鴨・上賀茂両神社は、それほど広い氏子区域をもっているわけではないが、京都で最も古い神社であり、葵祭が執り行われるという点

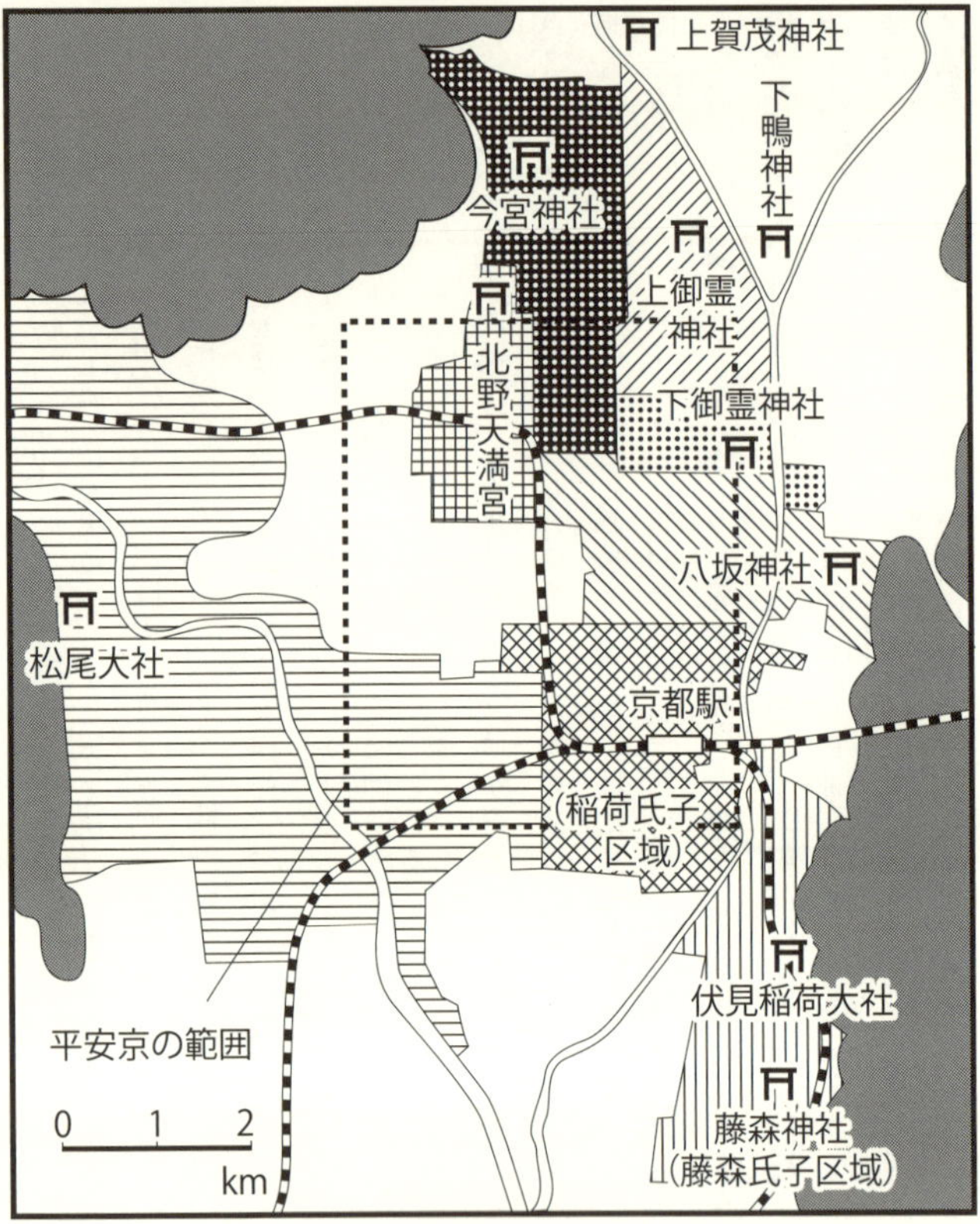

図１—１　京都の神社と氏子区域（『京都の歴史２』所収図を改変）

表１―１　京都を代表する神社

神社名（正式名）	現在の住所（京都市は省略）	現在の主祭神	現在の主な祭	創祀年代
下鴨神社（賀茂御祖〔みおや〕神社）	左京区下鴨泉川町	賀茂建角身命・玉依媛命	葵祭	8世紀なかば頃か
上賀茂神社（賀茂別雷〔わけいかづち〕神社）	北区上賀茂本山	賀茂別雷命	（同上）	不詳6世紀以前か
松尾（まつのお）大社	西京区嵐山宮町	大山咋神・市杵島姫命	松尾祭	天智天皇7年（668）
伏見稲荷大社	伏見区深草藪之内町	宇迦之御魂大神ほか４座	稲荷祭	和銅４年（711）
八坂神社	東山区祇園町	素戔嗚尊・櫛稲田姫命・八柱御子神	祇園祭	貞観18年（876）
北野天満宮	上京区馬喰町	菅原道真	瑞饋祭	天暦元年（947）
上御霊神社（御靈神社）	上京区上御霊竪町	八所御霊神	上御霊祭	不詳10世紀頃か
下御霊神社	中京区下御霊前町	八所御霊神	下御霊祭	（同上）
今宮神社	北区紫野今宮町	大己貴命・事代主命・奇稲田姫命	今宮祭	長保３年（1001）

でも、リストからはずすことはできない。

本書の構成

さて、このような前提を受けて、本書のおおまかな構成は以下のとおりである。まず第四章までが、主要な神社とそこで祀られている神々への信仰についての考察である。具体的には平安京造営以前からある神社と、それ以降に創建された神社とに分けて成り立ちを明らかにし、本来は性格がまったく異なっていたそれらが、次第に共通して京都各地域の守り神として信仰されていく過程などを見てゆく。ついで第五章以降が、主要な祭の説明である。なるべく時代順に古い祭から新しい祭へと歴史を追いながら、現代に受け継がれている形式や内容を踏まえて、各祭の特徴なども考えていきたい。

ところで、これら主要な神社・祭の歴史や特徴を考察していくにあたって、とくに留意すべき点は、京都が長い歴史をもつ都市だということである。なぜならば、（詳しくは第二章以降で説明していくが）京都における神社への信仰や祭の形式・内容には、不特定多数の住民が住む、都市ならではの特徴が多数見受けられるためである。

したがって、神社や祭についての具体的な話に入る前に、京都、あるいはその前身である平安京という都市は、どのような構造をもち、いかなる変遷をたどってきたのかを、あらかじめ予備知識として説明しておこう。

二　平安京の概要

平安遷都

延暦十三年（七九四）十月二十二日、時の桓武《かんむ》天皇は、山背《やましろ》国乙訓《おとくに》郡の長岡京《ながおかきょう》（現京都府向日《むこう》市および長岡京市など）から、同国の葛野《かどの》郡と愛宕《おたぎ》郡にまたがる地に都を遷した。[1] これが平安京の始まりである。同月二十八日の詔《みことのり》（天皇の命令）によれば、遷都の理由として山川の美しさと交通の便のよさが強調され、あわせて、現在の京都府南部をさす「山背国」の名称も「山城《やましろ》国」と改められた。確かに平安京が造られた京都盆地は、北・東・西を山に囲まれ、鴨《かも》川《がわ》や桂川《かつらがわ》などの河川が流れる「山紫水明」（頼山陽《らいさんよう》）の地とされている。

ただ、実際の遷都の理由は、当時の政治情勢によるものであったのだろう。この一〇年前、すなわち延暦三年には、大和《やまと》国の平城京《へいじょうきょう》（現奈良県奈良市）から長岡京に都を遷していることなどからも、遷都の真の目的とは、古くからの先進地であった大和国を本拠とする古代氏族や寺院勢力といった旧弊を逃れて、新しい政治を開始するためであったと推定される。

平安京の構造

さて、新たに造営された平安京の都市構造は、十世紀はじめに編纂《へんさん》された律令《りつりょう》の施行細則、

『延喜式《えんぎしき》』などによると以下のとおりであった。

まず、都市全体が南北約五・二キロメートル、東西約四・五キロメートルにおよぶ長方形の形状で、その内部は大きく分けて大内裏《だいだいり》（平安宮《へいあんきゅう》）・左京《さきょう》・右京《うきょう》の三つの区画から成る。このうち大内裏は、平安京の北側中央部に位置し、天皇の住まいである内裏と朝堂院《ちょうどういん》などの官庁街とを包摂していた。おおむね現在の一条通《いちじょうどおり》、大宮通《おおみやどおり》、二条城《にじょうじょう》・旧二条通《にじょうどおり》、御前通《おんまえどおり》に囲まれた領域である。

大内裏南の正門である朱雀門《すざくもん》（現中京《なかぎょう》区千本通《せんぼんどおり》押小路《おしこうじ》上《あが》ル西《にし》ノ京《きょう》小堀町《こぼりちょう》）から、南に向けてメインストリートである朱雀大路《すざくおおじ》（現千本通）がまっすぐに伸び、最後は平安京正門の羅城《らじょう》門《もん》（現南《みなみ》区千本通九条唐橋羅城門町《くじょうからはしらじょうもんちょう》）に至る。この朱雀大路によって平安京域を東西に分割したうえで、大内裏から南へ向かって左側（東側半分）が左京、右側（西側半分）が右京と名づけられ、貴族や一般民衆の住宅地あるいは商業地などとされた。

左京と右京には、東西を結ぶ大路小路と南北を結ぶ大路小路とが組み合わされて走り、それらで区分されて東西方向に並ぶ区画を「条」、同じく南北方向に並ぶ区画を「坊」という。「条」と「坊」で構成される古代の都市プランを「条坊制」と呼び、日本では、他に藤原京《ふじわらきょう》（現奈良県橿原《かしはら》市）・平城京・長岡京などの都城《とじょう》で採用された。条坊制採用の結果、平安京ではほぼ一二〇メートル四方の正方形の街区が碁盤の目状に並ぶ区割が造成され、それが今日までおおむね引き継がれている（図1—2）。

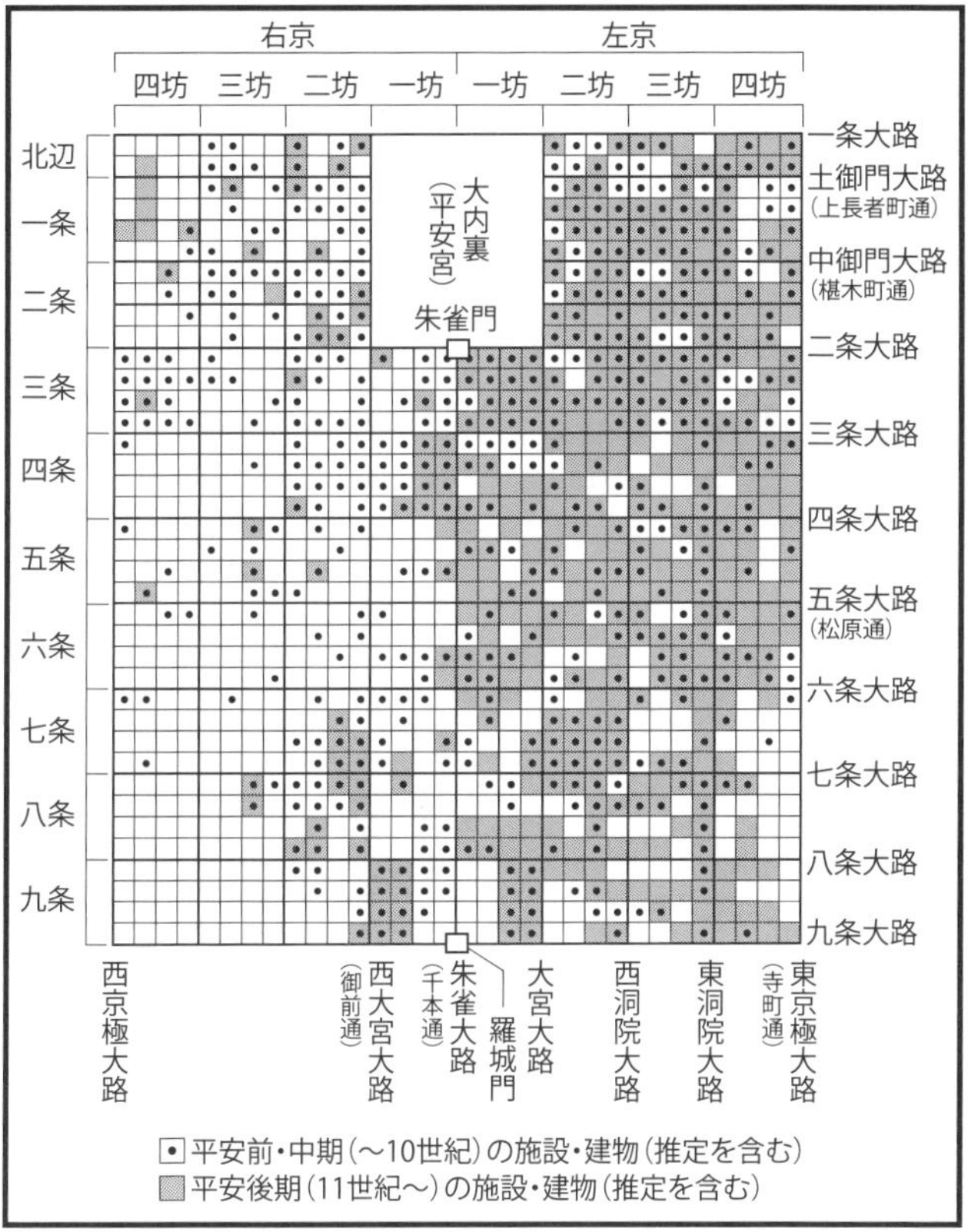

図1―2　平安京の条坊制および施設・建物の分布図（金田章裕編『平安京―京都――都市図と都市構造』所収図をもとに作製）

また、平安遷都にあわせて、愛宕郡の賀茂社（下鴨神社・上賀茂神社）と葛野郡の松尾社（松尾大社）両神の位階を、新京の「近郡」という理由で昇進させている。(2) これらは、ともに平安京以前から鎮座していた古い神社であり、都を造営するにさいして、その土地の神として崇敬されたのであろう。あるいは、両社を自分たちの守り神として信仰していた当地の古代氏族、賀茂《かも》氏と秦《はた》氏の協力を得るためであったとも考えられる（第二章参照）。

三　平安京の変容――右京の衰退と左京の繁栄

『池亭記』の描写

しかし、人工的に造られた都市であっただけに、平安京の域内では、当初から住みやすい場所とそうでない場所とが混在していたらしい。とくに右京は湿地帯であったことなどから、居住に適さなかったと考えられており、遷都から二世紀も経《た》たない十世紀後半ごろには、都の人々に右京が敬遠され、左京へ人口が集中するようになった。たとえば天元《てんげん》五年（九八二）、慶滋保胤《よししげのやすたね》という人物が著した随筆『池亭記《ちていき》』には次のように記されている。

予《われ》二十余年以来、東西二京を歴《あまね》く見るに、西京《にしのきょう》（右京）は人家漸《ようや》く稀《まれ》にして、殆《ほとん》ど幽墟《ゆうきょ》に幾《ちか》し、人は去ることありて来《きた》ることなし、屋《いえ》は壊《やぶ》るることありて造ることなし、その移《い》徙《し》するに処《ところ》なく、賤貧《せんぴん》を憚《はばか》ることなき者はこれ居《お》り（中略）東京《ひがしのきょう》（左京）の四条《しじょう》以北、乾《いぬい》・艮《うしとら》の二方は、人々貴賤《きせん》となく多く群聚《ぐんしゅう》する所なり、高家は門を比《なら》べ堂を連ね、少《ちい》さき屋《いえ》は壁を隔て簷《のき》を接《つら》ぬ、東隣に火災有れば西隣は余炎を免れず、南宅に盗賊有れば北宅は流矢《ながれや》を避け難し

（現代語訳　私は二〇年あまり右京と左京を見つづけてきたが、右京は人家がまれで廃墟《はいきょ》に近い。人が去ることはあっても来ることはなく、家が壊れ崩れることはあっても建つことはない。行き場のない者や、貧しい暮らしをいとわない者がここに住んでいる。〔中略〕左京の四条より北、北西と北東には貴賤を問わず人々が多く住み、名家の屋敷や民衆の小屋がぎっしりと立ち並んでいる。東に火事があれば西も類焼し、南を盗賊が襲えば北も流れ矢を受けるといったありさまである）

ここには、衰退する右京と繁栄する左京という対照的な当時の状況が、流麗な筆致で描写されている。

平安京の変容

ただ、『池亭記』の記述はどれだけ確かな史実であったのだろうか。きちんと裏づけをとっておく必要がありそうだ。そこで、文献史料や発掘調査などによって確認された、平安京域内

における施設・建物の分布を示す図1―2を見てみよう。

本図によれば、平安中期までは右京・左京ともそれなりに栄えていたものが、その後は施設・建物が左京へ集中していることがわかる。平安後期でも、右京の一部には市街地が残されていたが（西七条《にししちじょう》など、第六章参照）、全体としてみればその衰退は明らかで、やがて右京は田園地帯になっていったといえよう。(3)

四　中近世における都市・京都

中世の京都

平安京が都として定着し、都市として成熟するにつれて、中世以降は「京都」という名称が一般的になり、さらにかつての中国の都、洛陽《らくよう》になぞらえて、その市街地が「洛中《らくちゅう》」と呼ばれるようになる。

一方、平安京の左京域を中心に繁栄する都市という状態も中世に引き継がれた。たとえば図1―3は、十四世紀後半から十五世紀前半、室町期における酒屋・土倉《どそう》（高利貸）・油屋のリストなどをもとに京都の様子を復元したものである。これらの店は市街に立地していたと考えられるので、分布図にすることによって都市の範囲が推定できるのである。

その結果、当時の京都市街地は、おおむね北限が北小路（現今出川通《いまでがわどおり》）、西限が大宮大路（現

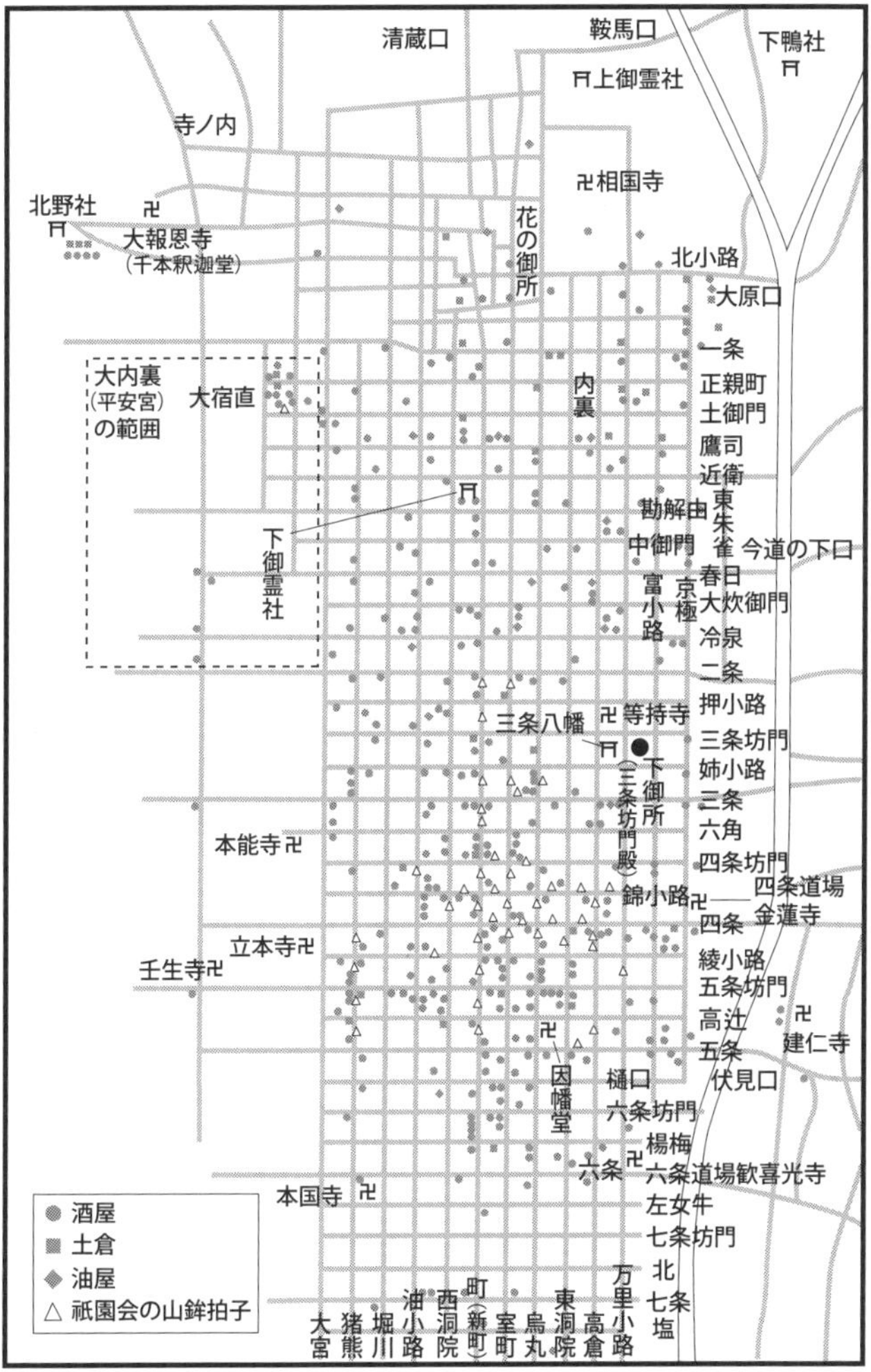

図1－3　室町期の京都市街地（高橋康夫・吉田伸之・宮本雅明・伊藤毅編『図集日本都市史』所収図をもとに作製）

大宮通）、南限が七条大路（現七条通）、東限が東京極大路《ひがしきょうごくおおじ》（現寺町通《てらまちどおり》）であった。北限が平安京の外側に拡大しているものの、左京を中心とする都市のあり方は、平安後期から室町期まで変わることなく、そのまま継承されていたと考えられよう。

応仁の乱の影響

ところが、このような状態が激変した時代がある。それが、応仁《おうにん》の乱（一四六七～七七年）勃発《ぼっぱつ》を契機に十六世紀後半まで不安定な時代が続く戦国期である。応仁の乱とは、日本史上まれに見る大規模かつ長期間にわたる内乱であって、その複雑な経緯や影響の大きさはここで語りつくせるものではない。が、ひとまず京都という都市への影響に話を絞ると、洛中において合戦がくりかえされた結果、広範囲の市街地が焼野原となり、多くの住民が地方へ疎開するなど被害はきわめて甚大であった。しかも、その後も戦乱が続いたことなどで治安が悪化し、復興がなかなか進まなかった。

この結果、戦国期の京都では、それ以前の時代に比べて市街地が大きく縮小する。そしてわずかに北側の上京《かみぎょう》（含西陣《にしじん》）と、南側の下京《しもぎょう》だけにまとまった市街地があり、両者が室町小路（現室町通《むろまちどおり》）によってのみつながれているという状態に至ったのである。さらに上京・下京とも、市街地は自衛のために堀・塀・木戸門などの要害（「惣構《そうがまえ》」）で取り囲まれていた(4)。これらのありさまを示した図1―4である。おそらく当時は、京都に住んでいた人々にとって

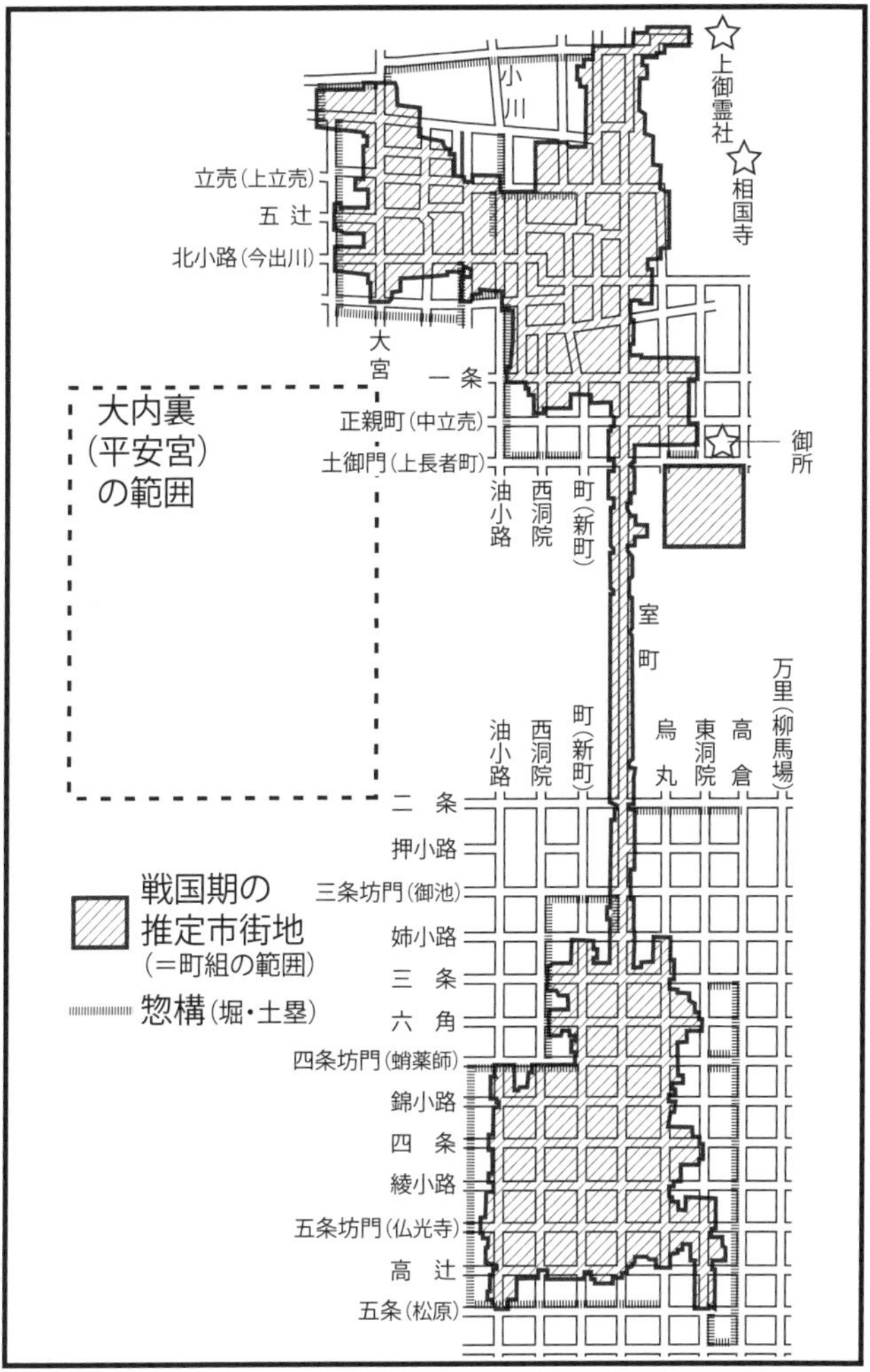

図１―４　戦国期の京都市街地（高橋康夫『京都中世都市史研究』所収図をもとに作製）

最も苦しい時代であったかもしれない。

近世以降の京都

しかし、織田信長《おだのぶなが》や豊臣秀吉《とよとみひでよし》によって天下統一がなされ、政治や社会が安定した十六世紀末の安土桃山《あづちももやま》期以降は、いったん縮小してしまっていた都市、京都が、再び元のように戻っていく。また、この時期には、豊臣秀吉により、増加する人口と拡大する市街地への対策として、いくつかの都市改造施策が実施されたことも注目されよう。たとえば、①鴨川以西の京都市街地を大きな城壁で囲む「御土居《おどい》」の建造、②現在の寺町通沿いに、洛中の寺院を集中して移転させた「寺町」の形成、③平安京以来の正方形街区の中央に南北の新しい道を開通させ、より多くの家屋を建てやすくした「天正地割《てんしょうじわり》」の施行などがあげられる。

その結果、十七世紀前半、近世江戸期の京都は図1—5のような状態であった。すなわち、おおむね室町期と同じか、やや拡大した領域に市街地が形成されていることがみてとれる。なお、この図では「御土居」の内側しか復元されていないが、おそらく鴨川をはさんで東側、現在の祇園町《ぎおんまち》周辺にも市街地が形成されていたであろう。そしてこの状態が、近代明治期のころまで引き継がれていく（図1—6参照）。

以上のように、延暦十三年（七九四）の平安京造営から現代に至るまで、京都は一二〇〇年以上も一貫して都市でありつづけているのである。一方で、居住環境や政治・社会状況などに

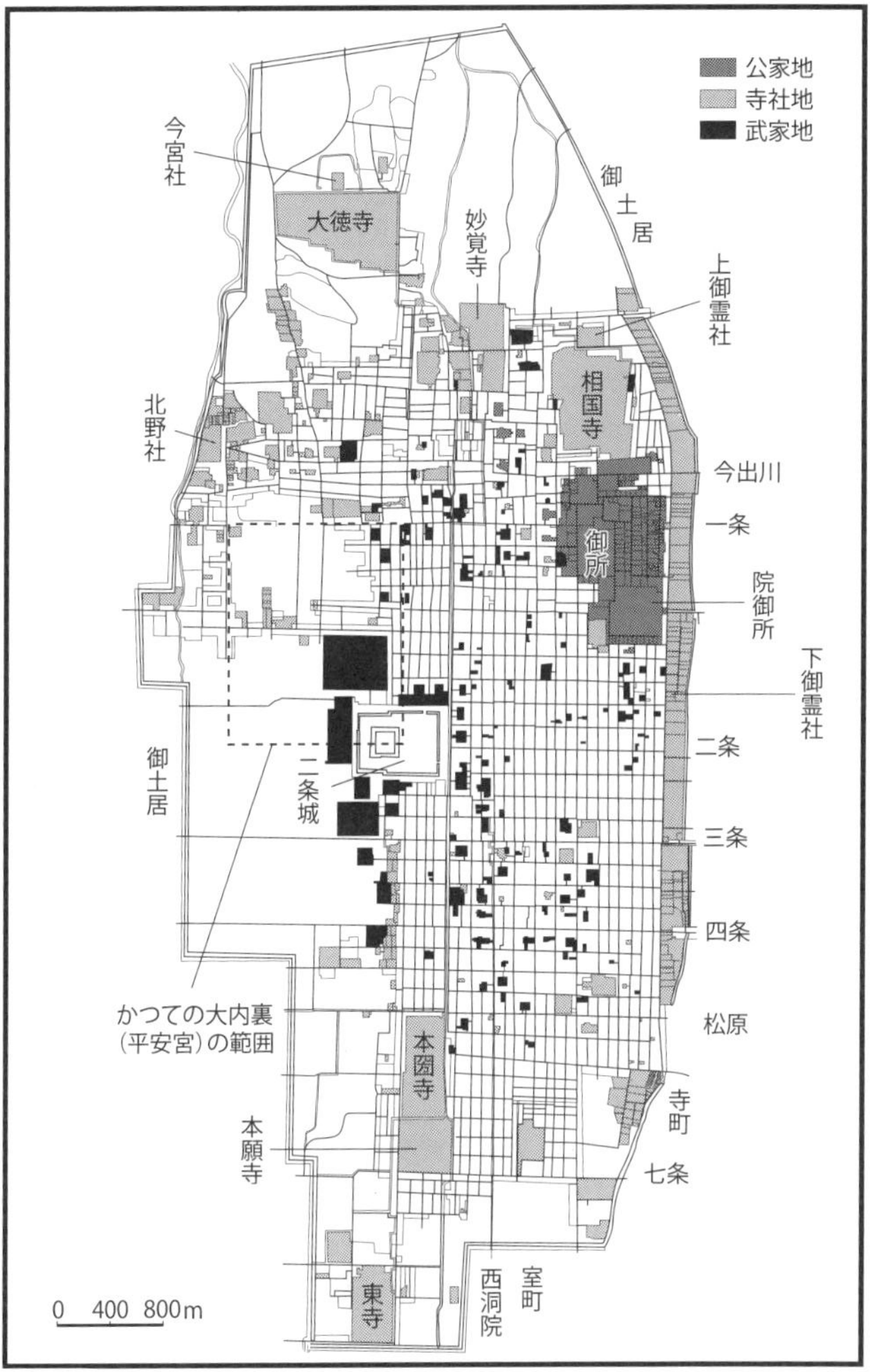

図1－5　江戸期の京都市街地（『図集日本都市史』所収図をもとに作製）

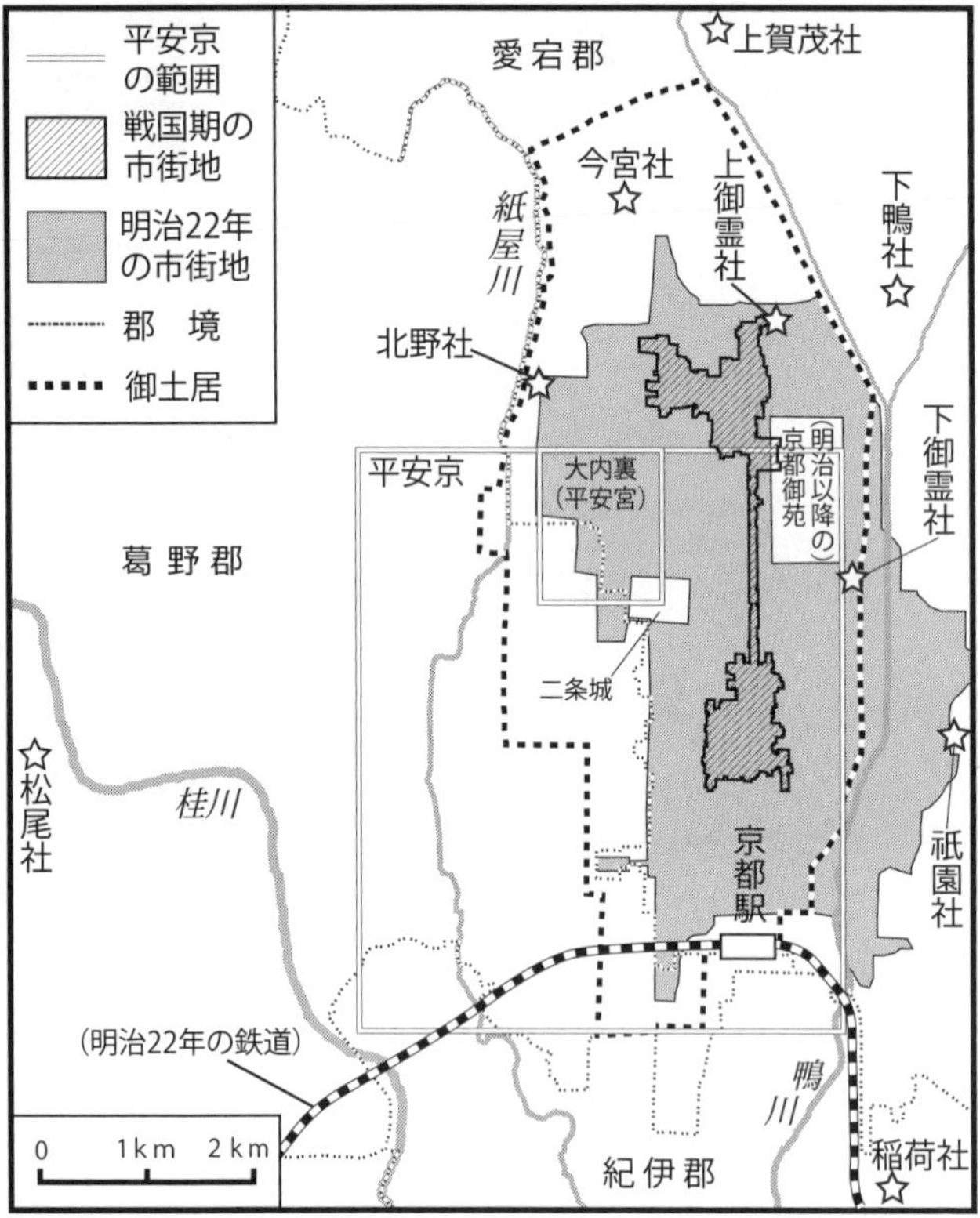

図1―6　京都市街地の変遷図（明治22年〔1889〕測量「仮製二万分一地形図」をもとに作製）

あわせて、都市のあり方を大きく変化させてきたことにも注意が必要であろう。

このような長い歴史をもつ都市のなかで、はたしていかなる神社への信仰や祭の文化が展開されてきたのであろうか。

第二章　平安京以前の古い信仰と神社——下鴨・上賀茂・松尾・稲荷

一　なぜ平安京内に主要な神社がないのか

神社分布の特徴

まず第一章冒頭で提示した、京都を代表する主要な神社九社と、その氏子区域に関する地図（図1—1）を再び見ていただきたい。とくに平安京の京域を重ねてみると、各神社の地理的分布に共通した傾向が見出せるのではないだろうか。つまりすべての主要神社が平安京内にはなく、京域を取り囲むように、言い換えれば、おおむね京都という都市の郊外に鎮座しているのである。

また、それぞれの神社は、氏子区域のはずれにある場合が多い。したがって、平安京が造営されたころから今に至るまで、京都の住民たちの多くは、これらの神社にお参りに行くさいには、自分たちの住む市街地から郊外まで出向いていたといえる。

ただ、主要神社のなかで下御霊神社のみやや事情が異なり、天正十八年（一五九〇）に現在地へ遷るまでは上京区新町《しんまち》通《どおり》下立売《しもだちうり》上ル西側、すなわち現在京都府庁旧本館が建っている付近にあった。ここは平安京域内であるので、唯一の例外といえる。しかし、最初からその地に鎮座していたのではない。下御霊神社はもともと下出雲寺《しもいずもじ》という寺院（現存しない）の鎮守（守り神）であったが、下出雲寺は十二世紀末ごろまで、上御霊神社にも近い上京区上立売通《かみだちうりどおり》寺町西入《い》ル毘沙門町《びしゃもんちょう》近辺にあった[1]。したがって、下出雲寺に付随していた下御霊神社も、創祀《そうし》当初はやはり平安京の郊外に位置していたと考えられる（第九章の図9―4参照）。

二つの神社群

どうして平安京という都市内部には、長い年月にわたって多くの京都住民の信仰を集めてきた主要神社がないのであろうか。もちろん、現代では元《もと》祇園《ぎおん》梛《なぎ》神社（中京区壬生《みぶ》梛《なぎ》ノ宮町《みやちょう》）や西院春日《さいいんかすが》神社（右京区西院春日町《さいいんかすがちょう》）などのように、比較的大きな神社もかつての平安京域内にはある。しかし、これらの氏子区域は、中近世には農村であった旧右京が中心であり、現在のような規模となったのは、近代の明治以降、旧右京の市街地化が進んだ結果と考えられる。神社の歴史としても、確実な史料によって実在が平安期までさかのぼれるものは少ない。

さて、京都における主要九社がすべて平安京外部、すなわち都市郊外に存している理由を考えるにあたって、本書では延暦十三年（七九四）の平安京造営以前から祀られていた古い神社（下鴨・上賀茂・松尾・稲荷）と、それ以降に創建された比較的新しい神社（祇園・北野・上下御霊・今宮）とに分けて考察したい。なぜならば、二つのグループは成り立ちがまったく異なっているからである。そこでまず、本章では前者の古い神社を対象とし、これらの成り立ちや祭神の性格、それに祀っていた人々などを探ってみたい。

二　自然と結びついた古い神々

古代の都城と神社

平安京造営前から祀られてきた古い神社については、実は平安京だけに限らず、それ以前の藤原京・平城京・長岡京なども含めて、古代の都城内部には当時重きをおかれていた神社の存在しないことが指摘されている。(2)先行研究の考察に依拠すれば、この理由は次のように説明できよう。

七～八世紀の奈良時代のころまで、神とは普段は人里離れた土地に住むものと考えられ、険しい山や海中の島、深い森、巨大な岩などが神の住まいないし神の依《よ》り代《しろ》、あるいは神そのものとして崇拝された。すなわち、原始的な自然崇拝に近い信仰といえる。

ちなみにこれらの神々は、多くの場合、農耕の節目、たとえば田植えや稲刈りの時期にのみ人里を訪れて人々のもてなしや祈願を受け、豊稔《ほうじん》や繁栄を約束して帰っていくものであった。これが祭という行事の原初的な形態であり、そのための祭場が後に神社へ発展していったと考えられている。したがって、当初の神社には常設の社殿もなかったであろう(3)。

そのように近寄りがたい自然と結びついた古い神々は、人工的な空間として造られた都市においては祀られにくい。裏をかえせば、もともと原始的な自然に富んだ土地には、物理的に大きな都市を造ることができなかったともいえる。また、自然と結びついている以上、その自然環境を穢《けが》すと祟《たた》るような神でもあった。当然、人間の都合で都市に遷すこともできない。したがって古代の都城内部には、古い神々を祀る神社がないと考えられる。

古い神社と自然環境

具体例をあげてみよう。洛北《らくほく》の上賀茂神社にお参りして西鳥居を出たあたりで北方を仰ぐと、森の向こうにこんもりとした山が見える。これが神山《こうやま》と呼ばれ、上賀茂神社の神が住まう、あるいは神そのものとも考えられている山（神体山あるいは神奈備山《かんなびやま》）である（図2―1）。実際、上賀茂神社の本殿は神山を遥拝《ようはい》する方向に建てられており、葵祭三日前の五月十二日には、神山から新しく生まれた神を上賀茂神社に迎え入れる御阿礼《みあれ》神事も行われている。

これに対して下鴨神社は、平安京造営以前の京都盆地の面影を残すといわれる鬱蒼《うっそう》とした「糺《ただす》の森」のなかにあるから、森と結びついた神社という性格があるかもしれない（口絵参照）。

しかし、実は周囲に山がない下鴨神社にも神体山が存在している。それは北東約五キロメートル奥の比叡山《ひえいざん》尾根にあたる御蔭山《みかげやま》であり、やはり五月十二日にここから神を迎え入れる御蔭《みかげ》祭《まつり》が行われる。

また、両社とも賀茂川《かもがわ》（鴨川）の水辺に近く、後で説明する祭神の由緒にかかわる神話でも同川が重要な役割を示すため、川の水との結びつきも想定されよう。なお、原初的な祭の面影を残す御阿礼神事・御蔭祭の詳細については、第五章でふれることにしたい。

図２―１　上賀茂神社から仰ぐ神山

さらに、洛西《らくせい》の松尾大社では、社殿が鎮座する背後に深い松尾山が控え、その山頂近く、大《おお》杉谷《すぎだに》という場所にある巨大な磐座《いわくら》は古代の祭祀《さいし》遺跡と見られている。洛南《らくなん》の伏見稲荷大社でも、やはり社殿背後に続く稲荷山《いなりやま》全体が信仰の対象とされてきた。そして両社ともに、これらの神体山は「最初に神々が降り立った聖なる場所」とする伝承が残されているのである。

神々の祟り

以上のように、下鴨・上賀茂・松尾・稲

荷の四社すべてにおいて、それぞれの神々は神体山を中心とする自然と結びついていた。それではこのような自然環境を改変しようとしたらどうなるか。古くからあった神社の近傍に、平安京という新しい都市が造営された直後の九世紀、平安前期の記録を見てみよう。

①延暦二十五年（八〇六）三月、都北方の山地で激しい山火事があり、卜占《ぼくせん》の結果、桓武天皇の陵墓が社地近くの「宇太野《うたの》」に定められたことに対する賀茂神の祟りと知られた（『日本後紀《にほんこうき》』）。

②天長《てんちょう》四年（八二七）正月、東寺《とうじ》（平安京造営にあわせて左京に創建された官寺、教王護国寺《きょうおうごこくじ》ともいう。南区九条町《くじょうちょう》）建造のために「稲荷神社乃樹」を伐採したため、祟りによって淳和《じゅんな》天皇が病に陥り、天皇は稲荷神社に使者を派遣して罪を詫《わ》びた（『類聚《るいじゅう》国史』）。

③承和《じょうわ》十一年（八四四）十一月、狩猟の獲物である鹿《しか》や猪《いのしし》を下上賀茂社の脇《わき》を流れる鴨川で洗うため、「汚穢之祟《おわいのたたり》」がしばしば御卜《みうら》に出た（『続《しょく》日本後紀』）。

④承和十四年（八四七）六月、「葛野郡々家前」の槻木《つきのき》を伐《き》って太鼓を作ったために松尾大神の祟りがあり、幣と鼓を同神に奉って祈謝した（『続日本後紀』）。その木は、松尾神が時々来遊する木であったためである（『本朝月令《ほんちょうげつれい》』）。

いずれの祟りも、神社近辺の自然環境が穢されたことに対する、神々の怒りの顕現とされている。これらの真相は、大都市造営に付随する京都盆地の諸開発に対して、古い神々を信仰する人々が強い反発を示していたのかもしれないが、いずれにしても古い神々には原始的な自然環境が必要とみなされていたのである。なお、このほかに理由はわからないが、貞観《じょうがん》十五年（八七三）五月にも賀茂・松尾両神が同時に祟りをなしている。(4)

以上のように、原始的な自然と結びついた古い神々を祀る神社は、それにふさわしい立地条件を必要とし、そこから遷すこともできなかった。したがって人工的に造られた平安京域内には、古い神社が鎮座していないと考えられよう。

三　本来の氏神とは——古代氏族の守り神

氏神という言葉

ところで、平安京造営以前からある下鴨・上賀茂・松尾・稲荷の各神社については、実はもう一つ共通した性格を指摘できる。それは、古代の氏族が自分たち一族の守り神、すなわち本来の意味での氏神を祀っていた神社ということである。

現代の私たちが「氏神」とか「氏神さま」というとき、通常はある地域の守り神（産土神）という意味で使用している。そのような地元の守り神を崇敬し、祭神として祀った神社を支えている人々が「氏子」であり、氏子が集まって居住している領域は「氏子区域」と呼ばれる。氏子区域は、氏神神社の周囲に形成されていることが多い。そして、ある地域で古くから伝承されてきた祭の大多数は、氏子たちが担う地元氏神の祭であって、もっぱら氏子区域のなかで執り行われている。

ひとまず以上のような理解で問題はないのだが、これらの言葉を吟味していくといささか不思議に思える点もある。たとえば「氏《うじ》」という言葉を辞書でひくと、まず「同じ血統の一団」(『岩波国語辞典』)とされている。言い換えれば血縁で結ばれた集団ということになろう。しかし、氏神という言葉を通常の意味で用いているかぎり、血縁的な関係をイメージすることは困難ではないだろうか。

現代における氏神とは、一定の広がりをもった地域(京都ではおおむね氏子区域とイコール)の守り神なのだから、その域内に住む氏子たちが全員血縁関係を有している事例はまれである。ゆえに氏子の意味も、ある一定の地域内に住んで地縁関係で結ばれ、そのうえで当該地域の守り神たる氏神への信仰を同じくする人々といえよう。

古代氏族の守り神

しかし、中世前期(鎌倉~南北朝期)までの氏神という言葉は、確かに血縁的集団の神という意味で用いられていた。とくに奈良時代のころまでは、神々を祀るという行為そのものが、もっぱら血縁関係を中心に結ばれた集団、たとえば物部《もののべ》氏とか蘇我《そが》氏といった古代の氏族ごとに行われていたらしい。そして、このようにそれぞれの古代氏族が一致共同して祀っていた神々を、各氏族の守り神という意味で氏神と称したのである。

たとえば奈良県奈良市春日野町《かすがのちょう》に鎮座する春日大社は、神護景雲《じんごけいうん》二年（七六八）に藤原《ふじわら》氏の氏神として創建された。さらに物部氏の氏神は天理《てんり》市布留《ふる》町《ちょう》の石上《いそのかみ》神宮（異説もある）、蘇我氏の氏神は橿原市曽我町《そがちょう》の宗我坐宗我都比古《そがにいますそがつひこ》神社とされているように、古い大社の祭神は、古代氏族の本来の氏神である事例が多い。京都においても、平安京造営以前から祀られている下鴨・上賀茂・松尾・稲荷は、いずれも本来の氏神の性格をもった神々なのである。

四　下鴨神社・上賀茂神社——賀茂氏の氏神

賀茂社と賀茂氏

まず、京都の神社のなかで最も古い歴史をもつ賀茂社（下鴨神社および上賀茂神社）は、元来は賀茂氏（賀茂県主《あがたぬし》氏）という古代氏族の氏神であった。賀茂氏は鴨氏とも表記し、平安京造営以前から京都盆地の、おそらくは現在の下上両社を中心とする範囲に居住し、支配していた一族である。後の世にも神職として存続し、鴨長明《かものちょうめい》や賀茂真淵《かものまぶち》といった著名人を輩出している。その賀茂氏が氏神を祀った事情を詳しく説明する史料があるので、以下に紹介したい。

山城国風土記《ふどき》にいわく、可茂《かも》の社。（神武《じんむ》東征の先導役を務めて山城国に至った）賀茂建角身《たけつのみの》命《みこと》、丹波《たんば》国の神野《かみの》の神、伊可古夜日女《いかこやひめ》を娶《めと》りて、生みませる子、玉依日子《たまよりひこ》と名づく、次は玉依日売《たまよりひめ》という。玉依日売、石川の瀬見《せみ》の小川《おがわ》に川遊びなせる時、丹塗《にぬ》りの矢、川上より流れ下る。すなわち取りて床の辺に挿し置き、遂《つい》に孕《はら》みて男子《おのこ》生まれませり。人となる時に至りて、外祖父《おおじ》の建角身命（大きな建物を造り、酒を醸し、七日七夜の宴《うたげ》を催して）子と語りて言うに「汝《いまし》の父と思う人に、この酒を飲ましめよ」と。すなわち杯をあげて、天に向かいて祭らんとし、屋《や》の甍《いらか》を分かち穿《うが》ち、天に升《のぼ》りたまいき。すなわち外祖父の名によりて、可茂別雷命《かもわけいかずちのみこと》と号す。いわゆる丹塗の矢は、乙訓の郡の社に坐《いま》せる火雷神《ほのいかずちのかみ》なり。

（括弧内は原文を現代語に要約した部分）

これは、鎌倉期の『釈日本紀《しゃくにほんぎ》』という書物に引用された『山城国風土記』逸文《いつぶん》である。『風土記』とは、八世紀の奈良時代、当時の国ごとに歴史や文物を記述して天皇に献上された地誌であるが、それらが現在までまとまって残っている国は、常陸《ひたち》・出雲・播磨《はりま》・豊後《ぶんご》・肥前《ひぜん》しかない。しかし、他の国でも後世の史料に断片的に引用された部分（逸文）があり、これらによって『風土記』の内容をわずかにうかがい知ることができる。

さて、『山城国風土記』逸文の述べるところは、下鴨・上賀茂両神社で祀られている祭神の物語である。山城国の賀茂建角身命には、玉依日子と玉依日売という二人の子供があった。あるとき、妹の玉依日売が「石川の瀬見の小川」（現在の賀茂川か）で川遊びをしていると、上流から丹塗りの矢が流れてくる。それをとって枕元《まくらもと》に置いておいたところ、懐妊して男の子を生んだ。

この男の子が大きくなったところで、祖父の賀茂建角身命は大きな建物を建て、祝宴を開いた。その席で「おまえの父親にこの酒を飲ませてみよ」と言ったところ、男の子は酒杯をもって屋根を突き破り、雲をかき分けて天に昇っていった。そこで、雷神の子という意味で可茂別雷命と称されたという。

『風土記』に出てきた伝説上の人物のうち、祖父の賀茂建角身命と母親の玉依日売（玉依媛《ひめ》命）が下鴨神社の祭神、孫の可茂（賀茂）別雷命が上賀茂神社の祭神であり、下鴨神社の正式名を賀茂《かも》御祖《みおや》神社というのは、このような関係によっている。そして、残った玉依日子が賀茂氏の祖先とされている。つまり、下鴨・上賀茂両社では、妹の母子神を兄の子孫である賀茂氏が祀ってきたことになる。したがって直接系譜はつながらないが、基本的に自分たちの祖先を氏神として祀った事例と考えてよいであろう。そして、賀茂氏の氏神という性格は、実は現代の葵祭のなかにも一部引き継がれているのである。その詳細は、第五章で説明したい。

なお、賀茂別雷命の父親である丹塗りの矢の正体は、乙訓郡（現在の京都府南西部）の「火雷神」とされている。これは『延喜式』「神名帳」における「乙訓坐火雷神社」[5]（現京都府向日《むこう》市向日町《むこうちょう》の向日《むこう》神社か）と考えられているが、松尾神とする異説もあり、よくわからない部分が残っている。

賀茂社の歴史

ところで、賀茂社の創祀時期は天武《てんむ》天皇六年(六七七)ともいわれるが、(6)六世紀欽明《きんめい》朝のころには祭が行われていたという伝承がある。(7)おそらく天武六年というのは社殿が建造された年であり、実際はもっと古い時代に成立していたのであろう。(8)また、七世紀末から八世紀前半には、賀茂の祭に群衆が参集して「騎射《きしゃ》」(馬に乗って弓を射る武技)することがくりかえし禁じられていることから、(9)当時の賀茂社および賀茂社を祀っていた賀茂氏は、強大な勢力を有する存在として朝廷から危険視されていたらしい。

以上のような状況を背景にして、八世紀なかばに実施されたと推定されるのが、下上両社の分立政策である。すなわち、それまでは上賀茂神社だけが単独で祀られていたが、このころに朝廷の後押しによって、下鴨神社が分立して創祀されたと考えられている。その目的は、おそらく強大な賀茂氏勢力の抑制・分断を図るものであったろう。(10)

しかし、それだけ勢力をもっていたということは、賀茂神の神威も強力なものと認識されていたはずであり、ゆえに朝廷の政策も、次第に抑圧から崇敬へと方針を転換していく。そして第一章でも述べたとおり、八世紀末、都を山城国(山背国)の長岡京や平安京に遷すにあたっては、賀茂社が同国を代表する神社として、位階の昇進などで格別の扱いを受けたのである。

さらに、平安京に都が定着するとともに、当地の守護神というだけでなく、王城鎮護・国家鎮護の神としても伊勢《いせ》神宮につぐ尊崇を集めるようになる。下上両社に勅使(天皇の使者)を迎える葵祭（賀茂祭）の歴史などは後で詳しく説明するが、それ以外で特筆すべき扱いは、斎《さい》王《おう》の派遣であろう。

図2―2　賀茂斎院跡

賀茂の斎王

未婚の皇女が神に仕える斎王は、すでに七世紀のころから伊勢神宮で制度化されていたが、賀茂社の場合は、弘仁《こうにん》元年（八一〇）、嵯峨《さが》天皇が先の薬子《くすこ》の変で賀茂社に戦勝祈願をしたお礼として、皇女の有智子《うちこ》内親王を任命したことに始まるとされる。[11] 斎王の制度が設けられた神社は伊勢と賀茂だけであり、いかに賀茂社が朝廷から格別な扱いを受けていたかがわかる。

斎王は、普段は御殿である賀茂斎院のなかで精進潔斎の日々を送っていたが、賀茂祭のさいなどには斎院を出て参列した。ちなみに、平安期の斎院は女性貴族たちのサロン的存在であり、当時の文学の舞台ともなっている。歌人として著名な式子《しきし》内親王も斎王を務めた一人である。しかし、財政問題などから、十三世紀の礼子《れいし》内親王を最後に、賀茂の斎王制度は廃絶した。なお、賀茂斎院はかつての紫野《むらさきの》、現在の櫟谷七野《いちいだにななの》神社（上京区上御霊前通大宮西入ル社横町《かみごりょうまえどおりおおみやにしいるやしろよこちょう》）付近にあったとされ、その石碑が境内に建っている（図2―2）。

その後下上両社は、それぞれ独自の神職団を有し、社領や荘園といった経済基盤も別々に所有して維持されてきた。また、朝廷が勅使を派遣したり、幣帛《へいはく》（御供え物《おそなえもの》）を献じたりするさいにもまったく同格に扱われているが、史料上の表記としては、下鴨を先、上賀茂を後に記述するという慣例が中世以来長く続いた。(12)

五　松尾大社――秦氏の氏神（一）

松尾社と秦氏

下鴨・上賀茂両社では、賀茂氏がみずからの祖先神を氏神として祀っていた。しかし、本来の氏神とは、各氏族の祖先神に限られたものではない。そのような事例として、次に秦《はた》氏の氏神とされる松尾社（松尾大社）と稲荷社（伏見稲荷大社）とをとりあげてみたい。

秦氏は、もともと大陸から渡来した帰化人系の古代氏族であり、秦の始皇帝《しんのしこうてい》を遠祖と称する。河川の治水などに優れた技術を有し、(13)京都盆地各地にその痕跡《こんせき》が残されている。たとえば弥勒菩薩半跏像《みろくぼさつはんかぞう》で有名な太秦《うずまさ》の広隆寺《こうりゅうじ》（右京区太秦蜂岡町《はちおかちょう》）は秦氏の氏寺であり、その南西にある巨大な蛇塚《へびづか》古墳（右京区太秦面影町《おもかげちょう》）も同氏の族長の墓であろうといわれている。その秦氏が、松尾社を氏神として創祀したことは、次の史料によって知られる。

正一位・勲一等松尾大神の御社は、筑紫胸形《つくしむなかた》にいます中都大神《なかつのおおかみ》なり。戊辰《ぼしん》の年三月三日、天下りて松埼《まつざきの》日尾《ひお》にいます「又は日埼岑《ひさきのみね》ともいう」。大宝《たいほう》元年、川辺腹男・秦忌寸都理《いみきとり》、日埼岑より更に松尾に奉請す（『本朝月令』引用「秦氏本系帳《はたうじほんけいちょう》」、「　」内は割注）

この伝承は、十世紀の『本朝月令』という書物に引用された「秦氏本系帳」によるものである。ここには筑紫国宗像《むなかた》の中都大神が、戊辰の年、おそらく天智《てんじ》天皇七年（六六八）に松尾山中と思われる「松埼日尾」または「日埼岑」に降臨したこと、さらに大宝元年（七〇一）、秦忌寸都理らによって現在地に鎮座したことなどが記されている。

注目したいのは、松尾社の祭神とされた中都大神とは、現福岡県宗像市の宗像大社でも祀られている市杵島姫命《いちきしまひめのみこと》と考えられることである。宗像大社の主祭神は、市杵島姫命も含めた三姉妹の女神（宗像三神）であり、それらは古代の航海と結びついて、海そのものを神格化した神と考えられている。そして、宗像三神を氏神として祀っていたのが、地元の宗像氏という氏族であった。

なぜ北九州の、しかも海にゆかりのある神が松尾山に降臨して祀られるようになったのであろうか。たとえば、秦氏が海を渡ってきた帰化人であったことが理由として考えられる。あるいは、松尾社の境外摂社《せっしゃ》として、やはり宗像三神を祀る櫟谷《いちたに》・宗像神社（西京区嵐山中尾下《あらしやまなかおした》町《ちょう》）が桂川のほとりにあり、同川水運の守護神といわれることなども関連がありそうだが、確定的なことはいえない。いずれにしても市杵島姫命は、もともと秦氏と関係はなく、他氏の氏神であったことは確かである。

また、もう一つの松尾祭神である大山咋神《おおやまくいのかみ》は、『古事記《こじき》』に「大山咋神。亦《また》の名は山末之大《やますえのおお》主神《ぬしのかみ》、この神は近淡海国《ちかつおうみのくに》の日枝山《ひえのやま》（比叡山）に坐《ま》し、亦葛野の松尾に坐して、鳴鏑《なりかぶら》を用《も》つ神ぞ」とある。したがって、こちらは明らかに山の神であり、近江《おうみ》国日吉《ひよし》社（現滋賀県大津市坂《さか》本《もと》の日吉大社）と同じ神であることもわかる。しかし、なぜ日吉と松尾が同一神であるのか、そうなった経緯などに諸説あるものの、はっきりとした理由は不明である。ただ、日吉の神は、近江国南部を本拠としていた近江臣という古代氏族の氏神であったと考えられており[14]、そうであれば大山咋神の由緒も秦氏との直接的関係は見出せない。

秦氏は、六世紀ごろまでに京都盆地に勢力を浸透させたと考えられており[15]、おそらくこの過程で、同氏は以前から他氏によって祀られていた古い神々を自分たちの祭祀に取り込んでいき、後には社殿を建てるなどして、一族の氏神としたのであろう。

松尾社は、長岡京および平安京への遷都にさいして、賀茂社とともに位階の昇進などで優遇を受けており、その後も「東に厳神あり［賀茂をいう］、西に猛霊あり［松尾をいう］」（『玉《ぎょく》葉《よう》』など）と並び称されるなど、王城鎮護の神として崇敬された。

松尾社への信仰

現在の松尾大社は、洛西地域の守り神（産土神ないし中世後期以降の氏神）とされているほか、酒造の神としても信仰されている。境内には日本各地の酒造元から奉納された酒樽《さかだる》が並び、本殿背後の霊泉「亀の井《かめのい》」の水は、これを混ぜれば酒が腐らないとして、醸造業者が汲《く》んで持ち帰る風習もある。また、四月の中酉祭《ちゅうゆうさい》と十一月の上卯祭《じょううさい》は、ともに醸造の無事を祈る神事として行われている。

古代の秦氏と酒造りとの関係は、たとえば五世紀前半のころに「秦酒公《はたのさけのきみ》」という人物がいたとされる点(16)などから推測できないこともない。しかし、その後松尾社が酒造の神として信仰されていたことを示す確実な史料は、中世後期作と見られる狂言「福の神」において、松尾社を「神々の酒奉行」と呼んでいる記述まで見出せない。したがって、酒造の神という信仰は、やはり中世以降に生まれたと考えるべきであろう。

ところで、松尾大社に参詣《さんけい》するさいは、境内の宝物館見学も見落とせない。そのなかで平安前期作の等身大神像三軀《く》（男神像二軀・女神像一軀）は、いずれも威厳にみちて力強いオーラを放ち、「猛霊」と呼ばれた松尾神のイメージをまざまざと感じさせてくれる。とくに市杵島姫命とされる女神像は、角度によってまったく異なる表情を見せてくれるという不思議な像でもある。

六　伏見稲荷大社——秦氏の氏神（二）

稲荷社と秦氏

次の稲荷社でも、その創建に関与したのが秦氏であったことは、以下の史料からわかる。

風土記にいわく、伊奈利《いなり》と称するは、秦忌寸中家《なかつえ》らの遠祖、秦公伊侶具《きみいろぐ》は、稲粱《いねあわ》を積み、富裕に有り。すなわち餅《もち》を用いて的《まと》となせば、白鳥に化成し、飛翔《ひしょう》して山の峯《みね》に居り、子をなす。子は稲に化成し、遂に社となす。

（『延喜式神名帳頭註』）

この典拠は、十六世紀の戦国期に著された『延喜式神名帳頭註』という史料である。冒頭に「風土記にいわく」とあるが、最近の研究では、本文章は奈良時代の『風土記』のものではないと考えられている。ただ、古い時代の伝承であることは確かであろう。

稲や粱を積み上げるほど富裕であった秦公伊侶具（「伊侶巨」ともいう）は、おごり高ぶったのであろうか、餅を弓矢の的に用いたところ、餅は白い鳥となって飛び去り、山の峰に降りた。

そこに稲が生えたので、社の名前を「伊奈利」(稲荷)と称するのだという。この白鳥が降り立った山こそ、現在の稲荷山である。そうであれば、当初の稲荷神は稲の精霊、すなわち一般的な農耕神というべきであって、特定氏族の由緒と直接結びついた神ではなかったといえる。

以上のように、松尾・稲荷両社とも秦氏が主導して創祀し、同氏の氏神であったことはまちがいない。しかし、これらの祭神の性格を見ていくと、もともと秦氏との直接的な関係はなく、他氏が祀っていた神であったり、一般的な農耕神であったりした。秦氏は、京都盆地に定着する過程で、そういった古い神々をみずからの守り神として選択し、祀ったのである。したがって、本来の氏神とは、祖先神に限らず、もっと広い意味で古代氏族の守り神とされた神と結論づけられよう。

稲荷社の歴史

ところで、稲荷社は和銅《わどう》四年(七一一)に創祀されたといわれるが、(17) 当初の社殿は稲荷山中にあったらしい。これらが山の麓《ふもと》、すなわち現在の本殿の場所に遷されたのは、永享《えいきょう》十年(一四三八)であったとされる。(18)

ちなみに稲荷社の起源としては、弘仁十四年(八二三)、東寺を下賜された弘法《こうぼう》大師空海《くうかい》が、東寺の鎮守として稲荷神を招いたという説もあるのだが、(19) 先に紹介した東寺建造時の樹木伐採に対する同神の祟りからもわかるように、これは史実とはいえない。しかし、本説は稲荷祭の展開を考えるうえで重要な問題を含んでいるので、同祭の詳細を説明する第六章において、あらためてふれることにしよう。

また、稲荷社で祀られる祭神は、もともと稲荷神一座だけだったものが、九世紀には三座となり、[20]さらに十二世紀までには現在と同じ五座となった。[21]これは、稲荷社への信仰の多様化にともなって、一座の神からだんだんと分化し、増えていった結果と考えられている。[22]

さらにその後、稲荷神は『古事記』に素戔嗚命《すさのおのみこと》の子として記される宇迦之御魂大神《うかのみたまのおおかみ》と考えられるようになった。「宇迦」とは食物を意味する「食《うけ》」であるから、稲の精霊である稲荷神と同一にみなされたのであろう。ちなみに宇迦之御魂大神を、伊勢神宮外宮《げくう》の祭神、豊受大御神《とようけのおおみかみ》とする説もある。[23]

稲荷社への信仰

現在の伏見稲荷大社は、全国に約三万社あるといわれる稲荷神社、あるいは神社ともいえない小祠も含めた「お稲荷さん」の総本社であり、西日本で初詣客が最も多い神社としても知られる。その長い歴史のなかでは、朝廷や院、幕府といった時の権力とまったく無関係ではなかったが、他の京都主要神社に比べると結びつきは弱く、一貫して一般民衆の信仰に支えられる部分が大きかったといえよう。

本殿から奥社へとお参りする参道は、途中に立ち並ぶ朱色の千本鳥居が神秘的な雰囲気を醸し出し、最近では外国人観光客にも人気のスポットである。しかし、伏見稲荷大社に対する庶民信仰のあり方を実感するためには、さらにそこから奥の「お山めぐり」をおすすめしたい。これは、稲荷神降臨の地とされる稲荷山の霊域を巡拝するものである。山中の各所には神蹟《しんせき》とされる拝所があるが、その周りには石の塚（「お塚」）、小さな鳥居、それに霊狐像《れいこぞう》などがぎっしり所せましと並ぶ。これらのほとんどは、稲荷神を信仰する全国の個人や企業によって奉納されたものであり、今日でも灯明や御供え物が絶えない。稲荷信仰の厚みや濃密さを感じさせる空間である。

第三章　都市・平安京に生まれた新しい信仰と神社
――八坂（祇園）・北野・上下御霊・今宮など

一　御霊・天王信仰とは

平安京の生活環境

平安京造営以前からある古い神社に対して、それ以降に創祀された新しい神社（八坂〔祇園〕・北野・上下御霊・今宮）の成り立ちは、事情が大きく異なる。なぜならば、それらはもっぱら平安京における都市生活のなかから生じてきた信仰、すなわち御霊信仰ないし天王《てんのう》信仰に基づいて祀られた神社だからである。

平安京が都市として確立し、人口も増加すると、そこで生活するための衛生環境の確保が重要な課題となってきた。この点について高橋昌明氏は、「とくに人・動物の排泄物《はいせつぶつ》や塵芥《じんかい》（中略）が、どんなかたちで処理されているのか、自然の浄化力や都市生活者個人の努力を超える部分が、どの程度制度的・社会的に解決されているのか、が焦点となる」としたうえで、少なくとも平安期では生活排水・屎尿《しにょう》・死骸《しがい》などの処理装置やシステムが満足に機能していなかったことを指摘する。その結果、当時の平安京は不衛生な汚物にみちた「悪臭の漂う都」であったとしている(1)。

劣悪な衛生環境の都市において、必然的に生じる問題は疫病の流行であった。とくに夏の季節は、暑熱や湿気によって食中毒などがひきおこされる現象は現代でも同じである。加えて平安京の場合、梅雨から台風の時期には大雨で鴨川が氾濫《はんらん》し、市街地を水びたしにすることも多く、そうなるとただでさえ放置されていた大量の汚物が市中に拡散されて、目もあてられぬ状態になったであろう。このほか、不特定多数の住民同士の接触などもあって、平安京における疫病の蔓延《まんえん》は深刻な問題であった。

御霊会と御霊・天王信仰

もちろん、以上のような事態は、今でこそ古代都市の不衛生な環境から生じる罹患《りかん》といった説明ができる。しかし、近代科学の知識がない平安期の人々は、そうは考えなかった。疫病が流行する原因を、政争に敗れて横死した人々の怨霊《おんりょう》の祟り、あるいは異国からやってきた疫《えき》神《じん》（行疫神《ぎょうやくじん》）のしわざとみなしたのである。このうち死者の怨霊は、疫病だけでなく、天変地異や自然災害などもひきおこす存在と考えられていたようなので、本来両者の性格は若干異なるが、同一のものとみなされていた傾向もあり、実際、これらへの対策としておおむね共通して催されたのが、御霊会《ごりょうえ》という行事であった。

御霊会は、怨霊や疫神がもたらす恐ろしい災厄を避けるために、それらをもてなし、慰撫《いぶ》し、鎮めて、送り出すという行事である。表3―1は、平安期における御霊会の記録の一覧であるが、本表からは、おおむね十世紀から十一世紀なかばまでの平安中期が、その最盛期であったことがわかる。

ところが、やがて御霊会の対象であった死者の怨霊を、強力な霊威をもった神（御霊神）として崇《あが》める信仰（御霊信仰）や、異国の疫神を、同じように「牛頭天王《ごずてんのう》」などの神として崇敬する信仰（天王信仰）が生まれてきた。そして御霊神や天王神といった新しい神々は、猛々《たけだけ》しい霊威によって（それまでとは逆に）信仰する人々に加護を与えてくれる頼もしい存在とみなされ、ついには常設の社殿も建てられるようになっていく。本書でとりあげる平安京造営以降に創祀された神社五社は、このように都市生活から生まれてきた信仰を基礎として成立したのである。

現在の祭神から判断すると、北野天満宮や上下御霊神社は御霊信仰、八坂神社は天王信仰に基づいて創祀されている。八坂神社の主祭神である素戔嗚命は、近世江戸期までは天竺《てんじく》（インド）よりやってきた天王神、牛頭天王とされていたからである。(2) 今宮神社は主祭神だけで区別ができないが、境内に素戔嗚命を祀る摂社、疫神社があることや、後に紹介する創祀の経緯な

表3—1　御霊会の執行場所が確認できる主な史料

年月日	記述	典拠
貞観5年（863）5/20	「於神泉苑修御霊会」	『日本三代実録』
天暦3年（949）	「西寺御霊堂」	『北山抄』巻六「祈雨例」
天徳2年（958）5/17	「西寺御霊堂」「上出雲御霊堂」「祇園天神堂」	『類聚符宣抄』三
天延2年（974）6/14	「被始行御霊会」	『社家条々記録』（14世紀の祇園社における史料）
正暦5年（994）6/27	「為疫神修御霊会、木工寮修理職造神輿二基、安置北野船岡上」	『日本紀略』
長保元年（999）6/14	「今日祇園天神会也」	『本朝世紀』
長保3年（1001）5/ 9	「於紫野祭疫神、号御霊会、依天下疾疫也」	『日本紀略』
寛弘2年（1005）7/18	「絹笠岳御霊会」（衣笠山）	『日本紀略』
長和4年（1015）6/20	「京人花園辺建立神殿祠疫神、依疫神託宣、今年疫病競起也」	『百錬抄』（『日本紀略』も参照）
長和4年（1015）6/26	「昨花園今宮御霊会始行」	『小右記』（6/25・6/29条も参照）
長和4年（1015）8/18	「出雲寺御霊会」	『小右記』
永承7年（1052）5/29	「天安寺東寺新造神社行御霊会、依可止疾疫御示現也、世名曰祇花園社」（「天安寺」は現代の法金剛院）	『百錬抄』（『春記』5/28条も参照）
康和4年（1102）9/20	「今日鳥羽城南寺明神御霊会也、為御見物有此御幸也」	『中右記』

＊頻出する場所は初見の史料のみ。
＊『中右記』康和5年（1103）3/11条「今日僧正増誉於白河辺、祭熊野新宮御霊云々」の記事は、季節からしても御霊会と無関係の可能性が高いので除外した。

どからすれば、天王神系の神社と推定されよう（第七章参照）。

もちろん、これらの多くは本来の氏神、すなわち特定氏族の守り神として祀られた神社ではない(3)。当初の御霊神・天王神系の神社がどのような人々によって維持されていたのか、よくわからない部分も残っているが、氏族や貴賤の枠を越えて、多くの平安京都市住民の信仰を集めていたことはまちがいないであろう。

二　御霊会が行われた場所と新しい神社の創祀

御霊会の執行場所

ところで、表3―1で注目したいのは、御霊会が執り行われた場所である。史料上、はじめて御霊会が現れるのは、『日本三代実録《にほんさんだいじつろく》』貞観五年（八六三）五月二十日条に記された神泉苑《しんせんえん》（大内裏南東に隣接していた広大な禁苑《きんえん》、現在は縮小して中京区御池通神泉苑町《おいけどおりしんせんえんちょう》東入ル門前町《もんぜんちょう》に残る）における御霊会であった。が、その後の記録を追っていけば、執行場所として「出雲寺」（現代の上京区）、「船岡《ふなおか》」「紫野」「絹笠岳《きぬがさおか》（衣笠山《きぬがさやま》）」（以上北《きた》区）、「祇園」（東山《ひがしやま》区）、「花園《はなぞの》」（右京区）、「西寺《さいじ》」（南区）、「鳥羽城南寺《とばじょうなんじ》」（伏見区）などが選ばれている。つまり、最初の神泉苑を除いて、すべてが平安京の末端ないし外側で行われているのである。

このような場所が選ばれた理由は、御霊会の対象である怨霊および疫神が、平安京の外部からやってくるという性格から説明できる。まず疫神は、もともと異国から来訪するものとみなされていた。たとえば貞観十四年（八七二）正月、悪性のインフルエンザと思われる「咳逆《がいぎゃく》病」が流行し、死亡する者も多かった。そして当時の人々は、疫病蔓延の理由として、前年に渤海国《ぼっかいこく》（満洲《まんしゅう》から朝鮮半島北部、現ロシアの沿海地方にかけて存在していた国家）からの使者が上陸したことで「異土毒気」がもたらされたと噂《うわさ》しあったという。(4)おそらく異国の使者によってウイルスが持ち込まれ、それに対して免疫のない日本人の多くが罹患したのであろう。異国の疫神を畏怖《いふ》するという平安期の人々の心性は、ある程度合理的なものであった。

また、怨霊とされた死者たちの多くも、流罪となって都から追い払われ、流刑地あるいはその途中で亡くなっている点が注目される（表3―2）。地方で恨みを抱いたまま死んだ彼らが、（怨霊として）平安京に戻ってきて祟るのである。御霊会は、怨霊や疫神がもたらす疫病などを避けるためのものであるから、それらが平安京の市街地に入ってくる手前でとどめて御霊会を催し、賑《にぎ》やかにもてなすことで外部に送り返さねばならない行事であった。御霊会の多くが都市のはずれで行われたことも理解できよう。

そして、これら御霊会が執行された都市郊外の場所に、御霊神や天王神を祀る神社が創建されていったのである。たとえば「出雲寺」は現在の上御霊または下御霊神社、「船岡」「紫野」は今宮神社、「祇園」は八坂神社、「花園」「天安寺《てんあんじ》」は花園今宮神社（右京区花園伊町《はなぞのいまち》）となって現代まで存続し、信仰を集めている。他に「鳥羽城南寺明神《みょうじん》」は現在の城南宮《じょうなんぐう》（伏見区中《なか》

表3―2　現在の上下御霊神社と北野天満宮で祭られている主な御霊神

神社	御霊神とされた人物	亡くなった年	亡くなった場所(現在地)
下御霊	藤原広嗣	天平12年(740)	肥前国松浦郡(佐賀県唐津市か)
上御霊	井上皇后・他戸(おさべ)親王	宝亀6年(775)	大和国宇智郡(奈良県五條市)
上下御霊	早良親王(崇道天皇)	延暦4年(785)	河内国高瀬橋(大阪府守口市か)
上下御霊	藤原吉子・伊予親王	大同2年(807)	大和国川原寺(奈良県明日香村)
上下御霊	橘逸勢(はやなり)	承和9年(842)	遠江国板築駅(静岡県浜松市)
上下御霊	文室宮田麻呂	(不詳)	(不詳、配流地の伊豆国か)
北野	菅原道真	延喜3年(903)	筑前国大宰府(福岡県太宰府市)

*亡くなった場所は、一部推定地も含む。
*上下御霊神社で祭神とされている吉備真備(吉備聖霊)は、御霊神として祀られる条件が乏しいので除外した。

島《じま》鳥羽離宮町《とばりきゅうちょう》)であり、「絹笠岳」(衣笠山)の御霊会も、北区等持院中町《とうじいんなかまち》に位置する六請《ろくしょう》神社との関連が指摘されている[5]。

なお、貞観五年(八六三)の神泉苑御霊会のみ平安京の中心部で行われているが、これはすでに多くの識者が指摘しているように、神泉苑内の広大な池水の浄化力を利用して、怨霊や疫神を祓《はら》うという発想で行われたものであろう。正暦《しょうりゃく》五年(九九四)の「船岡」における御霊会でも、水の力というものが重要な役割をはたしている(第七章参照)。

道饗祭について

ちなみに、古代都城の末端や外側で疫神などの侵入を防ぎとめるという宗教的な行事は、平安京以前からあった。たとえば『神祇令《じんぎりょう》』に定められた「道饗祭《みちあえのまつり》」は、六月と十二月に「京城四隅」で行うことによって、疫病をもたらす「鬼魅《きみ》」を阻止する祭であり(6)、平城京などではそれが実際に行われた記録もある(7)。他に『延喜式』では、臨時祭として「宮城四隅疫神祭」もあげられている。

ただ、都市への疫神侵入を防ぎとめるための行事が常設の神社にまで発展し、現在まで存続している確実な事例は、平安京の御霊会以外にはない(8)。平安期の御霊信仰ないし天王信仰が、いかに平安京の都市住民に深く浸透していたかを示すものといえよう。

三　八坂神社と牛頭天王

祇園社の歴史

ここで天王神の代表である牛頭天王と、同神を祀った祇園社（八坂神社）について、由緒などをまとめておこう。

『伊呂波字類抄《いろはじるいしょう》』や『社家《しゃけ》条々記録』といった史料によると、祇園社は貞観十八年（八七六）に創建され、ついで元慶《がんぎょう》元年（八七七）、藤原基経《もとつね》が「天神」の霊威を感じて居宅を寄進し、堂宇が建立されたという。当社を「祇園」と称するのは、古代インドにおいて、釈迦《しゃか》に祇園精舎を寄進した須達《しゅだつ》長者という人物の行為に、基経のそれが似ているとされたためである。

このときに祀られた神は「天神」と称された点などから、当初は（稲荷神のように）古くからの農耕神的性格をもっていた可能性も指摘されている。[9]が、その後の延喜二十年（九二〇）閏《うるう》六月の記録には、「咳病《がいびょう》を除かんがために、幣帛・走馬《はしりうま》を祇園に奉るべきの状」（『貞信公《ていしんこう》記《き》』）とあるので、十世紀の初頭には祇園社が疫病と関連づけられていた。

さらに天延《てんえん》二年（九七四）五月、祇園社は天台《てんだい》宗の比叡山延暦寺《えんりゃくじ》傘下に組み込まれ、[10]延暦寺の鎮守である日吉社の末社に位置づけられていく。祇園社の祭礼である祇園祭も、このころに始まった（第七章参照）。ただし、牛頭天王という祭神の名が現れてくるのは、平安後期の久安《きゅうあん》四年（一一四八）以降である。[11]

牛頭天王の伝承

牛頭天王は、現在京都府京田辺《きょうたなべ》市の朱智《しゅち》神社に残されている彫像などからもわかるように、頭上に牛頭を載せ、険しい表情をした異形の姿としてイメージされ、従来の神や仏の枠には収まらない性格をもっていた（図3―1）。それゆえ同神をめぐっては、中世になってさまざまな独自の物語が生み出されている。これらを「牛頭天王縁起」と呼ぶが、なかでも最も古いとみなされているものが、『釈日本紀』に引用された『備後《びんご》国風土記』逸文である。[12]その概要を以下に紹介しよう。なお、本逸文も奈良時代の『風土記』そのものとは考えられていないが、古い伝承であるのは確かである。

図3―1　朱智神社（京田辺市）所蔵牛頭天王像（京田辺市教育委員会提供）

昔、北海にいた武塔神《むとうしん》（牛頭天王の別名）が、妻を娶《めと》るため、南海に旅をした。日が暮れて宿を借りようと、まず裕福な巨旦将来《こたんしょうらい》という者の家を訪ねたが断られた。次にその兄である蘇民《そみん》将来を訪ねると、彼は貧しいながらも粟飯《あわめし》などで厚くもてなした。数年の後に武塔神は再び当地を訪れ、かつて宿を貸さなかった巨旦将来一族をすべて滅ぼしたが、そのなかにいた蘇民将来の娘だけは、前もって腰に目印の茅《ちがや》の輪をつけていたため、殺さなかった。そして武塔神は、次のように述べたという。「私は速須佐雄神《はやすさのお》である。後世に疫病がはやるとき、おまえは「蘇民将来の子孫」といって茅の輪をつければ、疫病から逃れられるだろう」。

この説話からは、当時の牛頭天王信仰についてさまざまなことがわかる。まず牛頭天王は、疫病をひきおこす恐ろしい神であるとともに、自分を信仰する者には加護を与えるという二面性をもっていた点である。

次に同神が「速須佐雄神」、すなわち素戔嗚命と名乗っていることも興味深い。その他の牛頭天王縁起、たとえば『簠簋内伝《ほきないでん》』という史料では、牛頭天王は天竺（インド）の神とされているので、記紀神話の神である素戔嗚命と同体というのは、現代から見るとおかしいのだが、おそらく恐ろしい神という強烈なイメージが、やはり暴れ者として描かれている素戔嗚命との習合を可能にしたのであろう。

なお、中世のこのような考え方は、近世にも長く引き継がれた。それゆえ明治維新にともなう「神仏分離令」によって、神にも仏にも分類できない牛頭天王の名前が祭神として使用できなくなり、素戔嗚命と改めたさいの手続きもスムーズに進められたようである。また、あわせて牛頭天王の妻にあたる婆利采女《はりさいじょ》は櫛稲田姫《くしなだひめ》に、子供にあたる八王子は八柱御子神《やはしらのみこがみ》に、それぞれ祭神名が改められている。ちなみにこれらと同時に、神社の名称も仏教色の強い祇園社から八坂神社へ改称された。

また、現在の祇園祭宵山《よいやま》において、各山鉾《やまほこ》町から厄除《やくよ》けの御守りとして授与される粽《ちまき》に「蘇民将来之子孫也」と記された御札が付されているのも、『釈日本紀』に引用された説話に由来するものである。

をけら詣り

最後に、八坂神社において祇園祭と並んで重要な行事である「をけら詣《まい》り」を紹介しておこう。大晦日《おおみそか》の夜、八坂神社では古式のとおりに杵《きね》と臼《うす》を使って白朮火《おけらび》をきり出し、境内の灯籠《とうろう》で燃やされると、多くの参拝者はその火を縄に移してくるくる回しながら家に持ち帰る。そして、白朮火で元日の雑煮を炊いて当年の無病息災を願う風習がある。これが「をけら詣り」であり、その由緒ははっきりとしないが、京都市民にはなじみの深い年越しの行事である。

四　北野天満宮とその鎮座

北野社の歴史

ところで、御霊神である菅原道真《すがわらのみちざね》を祀った北野社（北野天満宮）とその周辺では、平安期に御霊会が行われた記録がない。もちろん、記録がないというだけで御霊会が行われなかったとはいえないが、これはどうしてであろうか。

まず、北野社創建までの経緯を簡単に述べておこう。時の左大臣、藤原時平《ときひら》の讒言《ざんげん》によって右大臣であった道真が九州の大宰府《だざいふ》に左遷され、同地で死んだのが延喜三年（九〇三）。その後、時平および時平につながる人々の不幸や天変地異などが相次ぎ、道真の怨霊が噂された結果として、延喜二十三年（九二三）、朝廷は左遷を取り消して官位を復し、正二位を追贈している。しかし、さらに凶事が続き、延長《えんちょう》八年（九三〇）六月には、内裏清涼殿《せいりょうでん》に雷が落ちて、公《く》卿《ぎょう》・官人らが死亡するという衝撃的な事件まで起きた。これも怨霊のしわざとされて、道真を雷神とみなす風潮も強まったと見られる。

そのような状況のなかで、天慶《てんぎょう》五年（九四二）、右京七条二坊に住む多治比文子《たじひのあやこ》という貧しい女に道真の霊が神懸かりし、生前に遊行《ゆぎょう》した北野の「右近《うこん》の馬場」に自分を祀るよう託宣があった。文子は資力がないので、自宅近くに小祠を建てて祀っていたが[13]、さらに五年後の天《てん》暦《りゃく》元年（九四七）、近江国の神官の子供にも再び託宣があったため、これらの人々が協力して北野の地に社殿を建てて道真を祀ったという[14]。

しかし、北野の地は、北野社鎮座以前から神聖な霊地とみなされていた点に注意したい。すでに承和三年（八三六）二月には当地で「天神地祇《てんじんちぎ》」が祀られ[15]、元慶年中（八七七～八八五）から延喜四年（九〇四）にかけては、毎年秋に「年穀」（五穀豊穣《ほうじょう》）を祈って「雷公」（雷神）が祀られたという[16]。実際、現在の天満宮境内にある摂社、地主《じぬし》神社には「天神地祇」、同じく摂社、火之御子社《ひのみこしゃ》にはかつての「雷公」、今は「火雷神」が祀られていて、ともに本社より古い神社と考えられている。

道真死去は延喜三年であるから、これら北野の地における祭祀は、道真への御霊信仰と直接の関係はない。しかし、「天神地祇」といい「雷公」といい、その後猛々《たけだけ》しいイメージが増幅されていく御霊神、道真を祀るのには格好の霊地であったといえる。北野天満宮が現在地に創祀された事情には、以上のような背景があったのである。

残念ながら、そもそもなぜ北野の地で「天神地祇」や「雷公」が祀られたのかはよくわからない。ただ、天安《てんあん》二年（八五八）六月の雷雨の夜、北野において「稲荷神社空中」に二羽の赤い鶏が闘っているのが目撃されたという。(17)この「稲荷神社」が伏見稲荷をさすのかどうかなど、不審な点も多い奇妙な記事ではあるが、鶏が「雷公」を意味するという見方もあり、(18)このあたりに北野と「雷公」の関係があったのかもしれない。

また、稲妻や稲光りといった言葉に象徴されるように、「雷公」とは農耕に必要不可欠な降雨をつかさどる神でもあり、したがって、自然と結びついた古い神々の性格を残していたとも考えられよう。たとえば岡田精司氏は、このような初期の北野社への信仰を「菅公《かんこう》の怨霊の信仰と、以前からあった雷神信仰が結合したもの」としている。(19)その後の北野社は、祇園社と同じように比叡山延暦寺傘下となり、日吉社末社としての立場が長く続いた。

北野社への信仰

現在の北野天満宮は、全国各地に多数ある天満宮の中心的な神社であるとともに、（御霊信仰というよりは）学問の神様として崇敬され、多くの修学旅行生が参拝に訪れるスポットとなっている。ただ、道真を学問技芸の神として崇める信仰は、北野社の創建当初からあったわけではない。比較的早い記録だと、寛和《かんな》二年（九八六）、慶滋保胤が北野社へ捧《ささ》げた願文に「文道の祖、詩境の主」とあるが、(20)こういった考えが広く一般民衆に普及したのは、近世江戸期のころと思われる。とくに藩校や寺子屋といった教育機関のなかで学問の神と崇敬されることで、民衆にも親しい「天神様」となっていったのであろう。

また、毎月二十五日に行われる天神市も見のがせない。京都では毎月二十一日の東寺弘法市と並ぶ大規模な縁日であり、多くの露店が並ぶ。これらの店をブラブラと巡ってみれば、思いもかけない掘り出し物があるかもしれない。

なお、これまで述べてきた八坂（祇園）・北野・上下御霊・今宮などの神社以外にも、京都には御霊・天王神系と思われる神社が数多くある。比較的著名なものだけでも、元祇園梛神社、粟田《あわた》神社（東山区粟田口鍛冶町《あわたぐちかじちょう》）、須賀《すが》神社（左京区聖護院円頓美町《しょうごいんえんとみちょう》）、岡崎《おかざき》神社（左京区岡崎東天王町《ひがしてんのうちょう》）、八大《はちだい》神社（左京区一乗寺松原町《いちじょうじまつばらちょう》）、崇道《すどう》神社（左京区上高野西明寺山《かみたかのさいみょうじやま》）、藤森《ふじのもり》神社（伏見区深草鳥居崎町。第六章参照）などがあげられよう。

五　他所から勧請されてきた神社

氏神の勧請

これまで平安京造営以降に創祀された神社として、御霊・天王神系の神社を説明してきたが、実はもう一つ重要な神社群がある。それは、平安京から離れた土地の神社より祭神の分霊を迎えて、別に新しい神社を創建した諸事例である。このような分霊の遷座を「勧請《かんじょう》」と呼ぶが、京都では勧請によって創祀された神社も数多い。ここでは、簡潔にそれらの概要にふれておこう。

祭神勧請によって創建された神社のうち、主なものはおおむね二つに大別される。一つは、山城国（山背国）に造られた長岡京や平安京への遷都にあわせて、古代から続く氏族が、自分たちの守り神である（本来の）氏神を勧請してきたもの。藤原氏が奈良、春日大社の祭神を勧請した大原野《おおはらの》神社（西京区大原野《おおはらの》南春日町《みなみかすがちょう》）や吉田《よしだ》神社（左京区吉田神楽岡町《よしだかぐらおかちょう》）がその典型である。

他に桓武天皇が母方の帰化人系氏族の神を平城京から遷したとされる平野《ひらの》神社（北区平野宮《ひらのみや》本町《もとちょう》）や、嵯峨天皇の皇后、橘《たちばなの》嘉智子《かちこ》が橘氏の氏神を現在の京都府綴喜《つづき》郡井手《いで》町《ちょう》から遷した梅宮《うめのみや》大社（右京区梅津《うめづ》フケノ川町《かわちょう》）もこの類型といえよう。

流行神の勧請

もう一つは、その後の各時代に流行した信仰などに基づいて、時の権力者らが祭神を都周辺に勧請してきたものである。たとえば平安後期には、紀伊《きい》国熊野三山《くまのさんざん》（現和歌山県田辺《たなべ》市本宮《ほんぐう》町《ちょう》の熊野《くまの》本宮《ほんぐう》大社など）に参詣する「熊野詣で」が盛んであったことから、これらの神々を勧請した神社が複数創建された。左京区聖護院山王町《さんのうちょう》の熊野神社、左京区若王子町《にゃくおうじちょう》の若王子《にゃくおうじ》神社、それに東山区今熊野《いまぐまの》椥《なぎ》ノ森町《もりちょう》の今熊野《いまくまの》神社などである。

ちなみに永暦《えいりゃく》元年（一一六〇）十月、院御所、法住寺殿《ほうじゅうじどの》の鎮守として今熊野神社を創祀した後白河《ごしらかわ》上皇は、同時に日吉社（日吉大社）の祭神も勧請し、今では東山区妙法院前側町《みょうほういんまえかわちょう》にある新日吉《いまひえ》社（新日吉神宮）を創建している。[21] このほか貞観二年（八六〇）、宇佐《うさ》八幡宮（大分県宇佐《うさ》市）の神を勧請した石清水《いわしみず》八幡宮（京都府八幡《やわた》市八幡高坊《やわたたかぼう》）も本類型に属しよう。

ただ、これら勧請されてきた新しい神社は、平安京以前から信仰されてきた古い神社や、歴史は新しくとも都市生活のなかでの切迫した必要性から生まれた御霊神・天王神系の神社に比べると、それほど広範囲の京都住民の信仰を集めてきたとはいえないようだ。やはり限られた人々の特定の目的のために他所から勧請された神々だけに、京都のなかでの信仰の広がりには限界があったのかもしれない。それでも、これらすべての神社が今日まで存続しており、独自の祭なども行われていることは注目に値しよう。

第四章　平安後期以降に生じた地域の守り神への信仰

一　地域の守り神としての氏神

神社への信仰の変化

これまで述べてきたことをまとめると、京都の主要な神社九社は、平安京造営以前から祀られていた古い神社と、それ以降に創祀された比較的新しい神社とに分類され、両者の成り立ちはまったく異なっていた。

前者の祭神は、もともと神体山などの自然と強く結びつくとともに、古代氏族の守り神（本来の氏神）という性格をもっていたのに対して、後者の祭神は、都市生活における深刻な問題であった疫病などをひきおこす存在とみなされ、それゆえ御霊会による慰撫と鎮送の対象とされていた。ただ、結果的に九社のいずれもが平安京外側の地に鎮座することになったので、平安中期の十一世紀前半ごろまでは、性格の異なる二つの主要な神社群が平安京の周囲に並存していたと考えていいだろう。

しかし、時代が下るにつれて、これら当初の性格は次第にうすれ、神社の神々への信仰も多様化・複雑化していったようである。おそらく古い神社でも新しい神社でも、その時々のさまざまな人々の祈願にこたえる形で、同じように多種多様な御利益を保証する一方、より後世になると、たとえば商売繁盛の神としてのお稲荷さんとか、学問技芸の神としての天神さんといった新しいイメージなども生み出されていった。そういった信仰が積み重なるようにして現代に至っていると思われる[1]。

一方、神社の祭とその担い手に焦点を絞って考えてみると、とくに平安後期以降、京都の主要神社の多くが共通してある一つの性格をもってくる点に注目したい。それはすなわち、平安京の市街地がいくつかの小地域に分かれて、各神社の祭神がそれぞれの地域の守り神と位置づけられ、住民に信仰されるようになってくるということである。なぜこの点が重要なのかというと、京都の祭の大多数は、各地域の住民が地元の守り神に祈願したり、もてなしをしたりする行事として執り行われているためである。

産土神と氏神

ある土地の守り神、あるいはその土地に生まれた者の守り神は、本来「産土神」と呼ばれる[2]。

産土神への信仰は、おそらくかなり歴史が古いものと思われるが、その記録が史料のうえで現れることはあまりない。ひとまず話を平安京造営以降の京都に限れば、市街地においてそのような信仰が確認されるのは、十二世紀前半に成立した『今昔物語集《こんじゃくものがたりしゅう》』の一節である。

（大和の女が）七条辺ニ産レタリケレバ、産神《うぶがみ》ニ御《おわ》ストテ、二月ノ初午《はつうま》ノ日稲荷へ参ラムトテ、大和ヨリ京ニ上《のぼり》テ（以下略）（『今昔物語集』巻三十第六話）

ある女が、七条あたりに生まれたゆえに稲荷神を「産神」として信仰していたというが、これがある土地に生まれた者の守り神、すなわち産土神という意味で使われていることは明らかであろう。しかも七条という地域が限定されているので、この時期には、人工的に造られた都市、平安京のなかで、ある程度地域が分かれて産土神が定まっていたことがうかがわれるのである。ちなみに「初午」とは、二月最初の午《うま》の日に稲荷社へお参りする風習であり、当時の様子は『枕草子《まくらのそうし》』などに描かれていて、現在でも伏見稲荷をはじめ各地で盛んに行われている。

さらに中世後期（室町〜戦国期）になると、氏神という言葉も、古代氏族の守り神という本来の意味から、現代でも使われている、ある地域ないしその地域に生まれた者の守り神という意味で用いられるようになってくる。

そのような意味での氏神という言葉がはじめて現れるのは、文安《ぶんあん》四年（一四四七）八月の

『臥雲日件録《がうんにっけんろく》』に、著者である瑞渓周鳳《ずいけいしゅうほう》が、自分は和泉国《いずみ》界《さかい》（大阪府堺市）の生まれだから住吉《すみよし》大社（大阪市住吉区住吉）が氏神だとしている部分と思われる。ついで文明《ぶんめい》十七年（一四八五）八月、藤原氏出身の僧であった尋尊《じんそん》も、自分の氏神は上御霊神社と明記した。(3) 出身氏族の守り神という意味であるのなら、彼にとって本来の氏神は春日神であったにもかかわらず、である。当時の氏神が、産土神などと同じ意味で用いられていたことは明らかであろう。

中世後期において、氏神という言葉が大きく意味を変えた理由は、本来の氏神が、従来からあった産土神への信仰と融合したためにほかならない。(4) さらにその背景には、政治的・経済的・社会的な理由から古代氏族の血縁的結合が弱まった反面、それと裏腹に社会生活のなかで地縁的な結合を強める必要が生じ、その紐帯《ちゅうたい》として、古くからの産土神信仰があらためて求められたことなどが考えられよう。

そして、中世後期の京都におけるこのような動きは、尋尊の記述にあったように、本来の氏神信仰とは関係がないはずの御霊・天王神系の神社も巻き込んで、新旧神社がともに地元の守り神として氏神と呼ばれるようになったのである。以上の結果、京都ではそれぞれの小地域によって異なる神社の祭神を、（各地域の守り神としての）氏神と仰ぐ風習が形成されたといえる。

また、氏子という言葉も、本来の意味は「神の眷顧《けんこ》を受け、信心をもっぱらにする人々」(5) であり、それが氏神の変化などにあわせて大きく変わっていった。しかし煩雑になるので、本書における氏子は、現在一般的に語られている、「ある一定の地域内に住んで地縁関係で結ばれ、そのうえで当該地域の守り神たる氏神への信仰を同じくする人々」という意味で使用する。
なお、大きな神社では、氏子区域に住んでおらずとも、その神社の祭神を崇敬し、信仰している人々が多い。このような人々は、氏子と区別して「崇敬者」と呼ばれている。

二　京都の氏子区域の概要

氏子区域の重要性

それでは以上を受けて、ここからは京都の主要神社九社を地元の守り神（産土神ないし中世後期以降の氏神）として信仰する人々（氏子）が居住する地域（氏子区域）に焦点をあて、その空間的特徴や成立の経緯などを考えてみたい。

なぜならば、本書でとりあげる神社の祭の多くが、氏子の人々によって担われ、支えられていることに加え、その主要な行事は神社境内のなかで完結することなく、神社の外、もっぱらそれぞれの氏子区域において執り行われるためである。一見あたりまえのようだが、このような視点を導入することで、はじめて京都における神社への信仰や祭の特徴がよく見えてくるのである。

さて、本書で問題にする氏子区域という宗教的な領域は、普段はまったく目に見えない空間であり、通常の地図でもまず描画されていない。しかし、年に一度だけこの領域が可視化されるときがある。それは祭の時期である。氏神の祭が近づくと、多くの氏子の家々では軒下に祭提灯《まつりぢょうちん》を掲げたり、あるいは協賛した印として、神社の御札を外から見えるように貼ったりする。このような家々が並んでいれば、そこがある神社の氏子区域だとわかるのである。祭のさいには、ぜひこういった家並みの様子にも注目をしていただきたい。

氏子区域の範囲

京都の氏子区域を確定するための基本史料は、享保《きょうほう》二年（一七一七）ころに成立した、『京都御役所向大概覚書《きょうとおやくしょむきたいがいおぼえがき》』（以下『覚書』と略記する）という当時の奉行所役人の行政業務マニュアルである。そのなかの「洛中洛外神社祭礼之事」という項に、各神社の氏子区域の範囲が示されている。これらの原文のうち、主要部分を次に紹介しよう。

一、上御霊　氏子　東ハ　賀茂川限
西ハ　東堀川《ひがしほりかわ》限［但、一条より北ハ小川通《おがわどおり》東側限］
北ハ　野限
南ハ　出水通《でみずどおり》北側限

一、下御霊　氏子　東ハ　賀茂川限
西ハ　東堀川限

一、今宮社　氏子　北ハ　出水通南側限
南ハ　二条通北側限（以下鴨東《おうとう》地域は省略）
東ハ　西堀川《にしほりかわ》限［但、一条より北ハ小川通之西側限］
西ハ　七本松通《しちほんまつどおり》限
南ハ　二条御城番《ごじょうばん》北之方御役屋敷迄《まで》

一、祇園社　氏子　北ハ　千束村上限
東ハ　三条通《さんじょうどおり》ニテハ大橋東四町目
四条通ニテハ丸山《まるやま》辺
松原通《まつばらどおり》ニテハ八坂塔《やさかのとう》之東迄
西ハ　野限壬生《みぶ》村辺
北ハ　二条通南側限
南ハ　松原通北側限
巽《たつみ》ハ　清水寺《きよみずでら》・建仁寺《けんにんじ》境内限

一、稲荷社　氏子　北ハ　松原通南側限
南ハ　洛外凡《およそ》九条村辺
西ハ　傾城町《けいせいまち》中堂寺《ちゅうどうじ》村限（以下略）

一、北野天満宮社（中略）

氏子境内　東西凡四町半［東ハ七本松通、西ハ御土居限］
　南北凡七町半［南ハ大将《たいしょうぐん》軍村際、北ハ神明町《しんめいちょう》限］
此外《このほか》西京村・大将軍村・東木辻村（以下略）

このほかに「下鴨社」は「氏子下鴨村中」、「上賀茂社」は「氏子境内　上賀茂　柊原《ひいらぎばら》　御《み》泥池《どろがいけ》　貴布禰《きぶね》」とある。「松尾社」は「氏子村々三拾余村」とあるだけだが、別に松尾祭に勤仕する村の名前が多く書き上げられているので、氏子区域の範囲はおおむね把握できる。

以上を、完全に洛外となる下鴨・上賀茂を除いて地図化すると、図1―1のようになる。もちろん、これで完璧《かんぺき》ではない。近代まで農村であった地域は、市街地となった今でも境界線が不分明であるし、大きな神社の氏子区域内に小さな神社が鎮座していて、小社の周りの町々が守護しているといった事例なども数多い。後者は、大小どちらの神社も大切に崇敬する、いわば「二重氏子」といった状態に近いといえよう。しかし、このような事例に留意しても、京都の主要神社では、現代でも近世江戸期とほぼ同じ領域で氏子区域が引き継がれていると見られる。

なお、伏見稲荷だけは、本社から離れた地域に氏子区域が形成されているが、この問題については第六章で検討することにしたい。

三　氏子区域の空間的特徴

整然とした区画

ここであらためて、先の図1―1を仔細《しさい》に観察していただきたい。すると京都では、氏子区域同士が接する境界線が東西あるいは南北方向に直線的に走り、その結果、多くの氏子区域は整然と区画されていることがみてとれる。境界が複雑に入り組んでいる部分も少ない。このような傾向は、とくに平安期からおおむね一貫して都市市街地であった平安京左京域に顕著である。そして、直線的な境界線の多くは市街地を走っている道路、すなわち通《とおり》であり、かつての平安京における大路小路（ないしそれらを延長した道）でもあった。

この氏子区域図を一見すると、京都は平安京条坊制のなごりが現在も残っているから、通（大路小路）が境界線になって、氏子区域が整然としているのかと納得してしまいがちだが、神社の神々への信仰とは、本来人々の内面にかかわる問題である。人々の信仰とは、通が走っているからといって、それが障壁になって整然と分断されるようなものなのだろうか。

京都の特殊性

歴史的経緯を踏まえれば、京都の通とは、その両側の人々を分断させるような、たとえば山

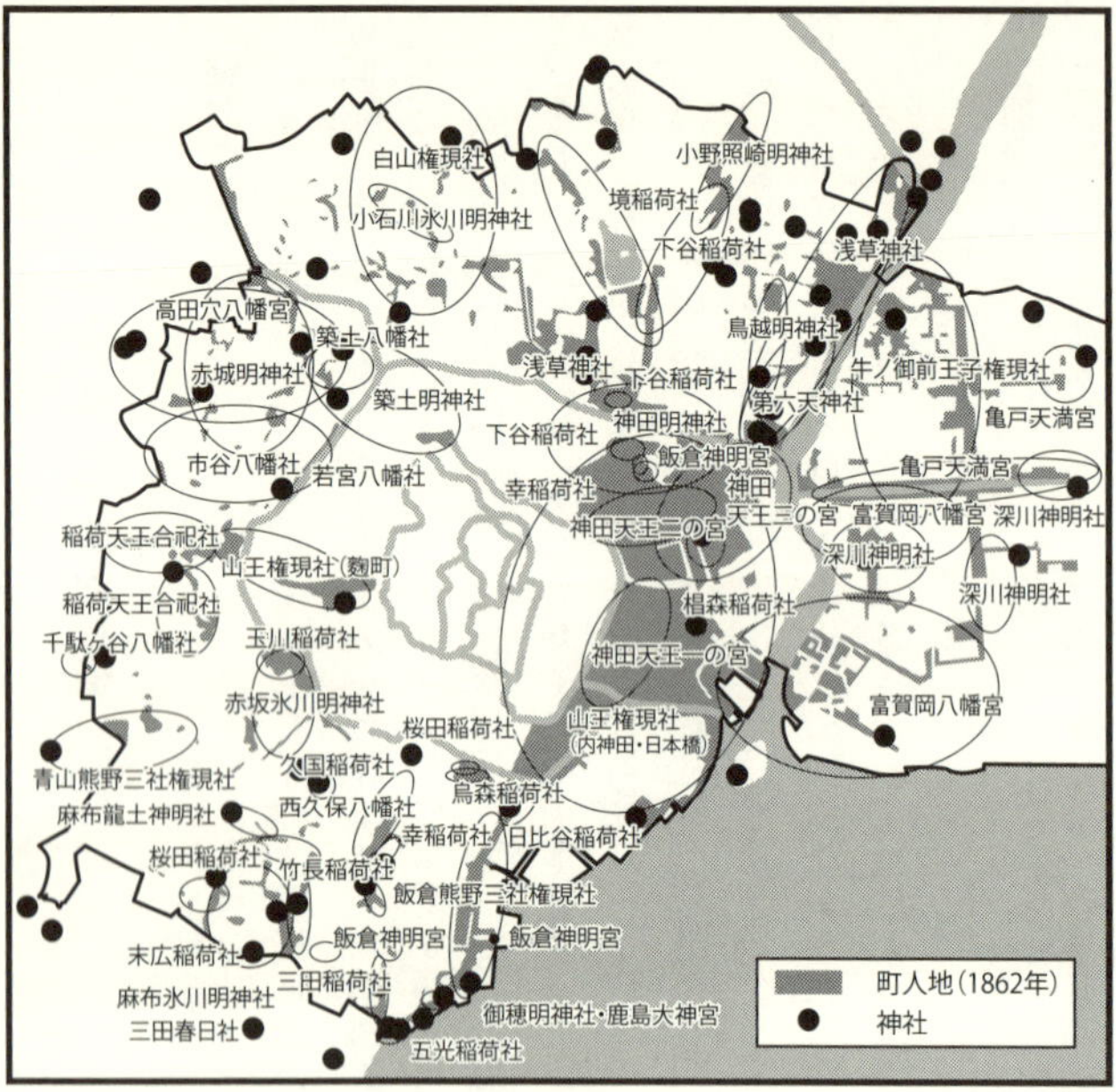

図4―1　近世江戸の氏子区域図（伊藤裕久「江戸・東京の祭礼空間――伝統都市の分節構造」所収図をもとに作製）

岳や河川のように強固な物理的障壁であったとは考えにくい。中世後期から後の時代であれば、むしろその逆である。なぜならば、それ以降の京都市街地では、通をはさんで向かい合った家々が結びつき、地縁共同体である町（両側町《りょうがわちょう》）を形成している場合が多いからである。

たとえば八坂神社（祇園社）の氏子区域は、鴨川の西側では北限が二条通（旧二条大路）、南限が松原通（旧五条《ごじょう》大路）であり、どちらも通をはさんで南北の家々が一体になった両側町が続いている。ところが、筆者の現地調査によれば、現在でもこれらの通の中央を氏子区域境界線が貫いているため、同じ町内の南北で氏神が異なるという特異な状況におかれているのである。

さらに、同じ大都市である江戸との比較もしてみよう。図4―1は、近世江戸における氏子区域図である。これを見ると、江戸では、神社を中心にして氏子区域がバラバラと不規則に広がっており、異なる区域同士が入り組んでいたりする場合も多い。おそらく都市内部で氏子区域が自然発生的に形成されれば、江戸のように全体としてまとまりのない区画になるのではないだろうか。逆にいえば、整然とした京都の氏子区域は、人為的に作られた側面のある可能性が高いといえよう。

四　「祭礼敷地」と氏子区域

稲荷祭の「祭礼敷地」

それでは、なぜ京都に限って整然とした、ある意味不自然な区画をもった氏子区域が形成されてきたのであろうか。この問題を考えるためには、やはり同時代の中世史料にあたっていかねばなるまい。

寛喜《かんぎ》元年（一二二九）三月、藤原定家《さだいえ》の日記である『明月記《めいげつき》』には、次のようにある。

稲荷祭の馬頭《ばとう》は、毎年五月五日に、六条《ろくじょう》以南の富有の下郎を指すと云々《うんぬん》、去年指されし者、日吉末社の神人《じにん》と称し、桙櫛《ほこくし》を抜いてこれを棄《す》つ、社家山門頻《しき》りに訴え申し、成敗無し

この記録の意味を理解するためには、いささか解説が必要である。まず「馬頭」とは、「馬《ば》上《じょう》」ともいい、鎌倉期において洛中の富裕な商工業者のなかから指名選出され（「差定《さじょう》」）、大規模な祭礼の費用の大半を負担した役職の者のことである。一種の名誉職的な臨時の役であり、十二世紀のなかばごろから稲荷祭・祇園祭・日吉社小五月会《こさつきえ》の三祭礼で馬頭役（馬上役）が導入されていた(6)。

さて、稲荷社（伏見稲荷）の祭礼である当時の稲荷祭では、前年の五月五日に、馬頭役が「六条以南の富有の下郎」のなかから差定されていた。ところが去年選ばれた者は、「自分は日吉末社の神人であるから、稲荷の馬頭役にはならない」と主張して「桙櫛」を抜き捨ててしまい、トラブルになったという。

「神人」とは、中世において特定の神社に奉仕し、その保護を得ることで何らかの特権を有していた人々であり、多くの場合、当時の同業者組合（座）が神人集団を形成した。「日吉末社」とは具体的にどの神社を意味するのか不明だが、当時の京都では、祇園社や北野社が日吉社の末社であった。また「桙櫛」の詳細もわからないが、おそらく馬頭役差定の印として、その者

の家に挿された祭具であろう。

ここで馬頭役差定の条件として、「六条以南」という地理的領域が明示されている点に注意したい。理屈のうえでは、そこに住んでいれば誰でも、自分の意思と関係なく馬頭役に差定されうるということである。中世において、特定の祭の執行費用を捻出《ねんしゅつ》する目的で、一定の範囲の住民に何らかの課役が賦課される空間のことを「祭礼敷地」と呼ぶが(7)、この場合の「六条以南」がまさに「祭礼敷地」に該当する。

先に引用した『今昔物語集』にあるように、当時の七条など平安京南部には、稲荷社を産土神（後の氏神）と仰ぐ風習があった。おそらく「六条以南」への「祭礼敷地」設定も、このような（自然発生的な）風習ゆえに可能であったのだろう。しかし、「日吉末社」という別の神社を持ち出して馬頭役を忌避する者がいたように、十三世紀の時点では、まだ「六条以南」の住民全員が稲荷社への信仰をもってはいなかったといえる。

「祭礼敷地」の範囲

さらにこの「祭礼敷地」の範囲をめぐっては、正和《しょうわ》元年（一三一二）のころにも争論が生じた。すなわち稲荷の「祭礼敷地」内に住む者が、五条と六条の間は稲荷社「祭礼敷地」ではないと訴え、対抗して稲荷社側も反論したのである(8)。

この争論が生じた理由の一つには、同じころに稲荷祭の費用負担方式が馬頭役から地口役《じぐち》へ転換したらしいこともあった。[9] 地口役とは、原則として「祭礼敷地」内のすべての家々に課役する方式であるから、その範囲明確化の必要性は、特定の個人を差定する馬頭役の比ではなかったのである。しかも、本争論の背後には、稲荷の北側にみずからの「祭礼敷地」を設定した祇園社と、その本所にあたる比叡山延暦寺がいたらしいから、話は複雑であった。

一方で、「祭礼敷地」をめぐる争論が生じるそもそもの遠因は、おそらく先の『明月記』に記された「六条以南」という言葉のあいまいさにもあったのではないか。なぜならば、その意味を六条大路（六条通）ととれば、確かに原告の主張に分があるが、条坊制の六条区画（五条大路～六条大路の範囲）ととれば、「祭礼敷地」北限は五条大路（松原通）となって稲荷社の主張通りとなるからである（図1―2参照）。

そこで注目したいのが、稲荷社側の主張の根拠である。当該『東大寺文書』のなかには次のようにある。

　毎年三月初巳《はつみ》の日、敷地の牓示榊《ぼうじさかき》を五条東西・朱雀南面に差定せしむの条、古今の例なり。したがいて祇園敷地の牓示榊を五条東・朱雀北面に差定せしむの条、これまた先例なり

毎年三月の稲荷祭直前に、稲荷社では「五条東西・朱雀南面」（現在の松原通千本辻《せんぼんつじ》の南側）に「牓示榊」を挿したて、同じく祇園社も北東面に挿したてていたという。そしてこれは「古

今の例」だとする。「牓示」とは、中世において所領などの領域を示すため、土地の四至あるいは境界などに設置された標識物であり、それに榊の枝を用いることによって、みずからの「祭礼敷地」を主張するとともに、内部にある種の宗教的結界を生じさせる目的もあったのであろう。

正和元年の争論の結果は不明だが、「牓示榊」の神事が実際に行われていたとすれば、やはり当初から稲荷「祭礼敷地」の北限は五条大路に設定されていたと推定される。それまで稲荷と祇園の「祭礼敷地」の範囲があいまいであったことは確かであろうが、その後の記録では、両社の境界は五条大路で確定しているし、以下に述べるような後の氏子区域の状況からしても、十三世紀から十四世紀にかけて、「祭礼敷地」境界線が六条大路から五条大路へ変更されたとは考えにくい。

「祭礼敷地」から氏子区域へ

いずれにしても、当時の「祭礼敷地」と後の氏子区域とを比較すると、そのなかに住んでいる住民の産土神（後の氏神）に対する意識という点で実態が異なっており、十四世紀初頭のころでは、京都の氏子区域はまだ成立していなかったといえる。

しかし、祇園と稲荷の間で五条大路（松原通）が境界線になっているという点では、「祭礼敷地」も氏子区域もまったく同じである。偶然の一致とは思われない。したがって、萩原龍夫氏が「祭礼敷地」について「氏子区域の成立に直接のつながりをもつ」と述べているように[10]、この二つの空間には何らかの有機的なつながりが考えられてしかるべきであろう。よって史料的裏づけはとれないが、京都における氏子区域の成立プロセスは、以下のようなものであったと推定される。

① 『今昔物語集』にあったように、京都の市街地では、遅くとも十二世紀ごろには、異なる小地域ごとに近傍の神社を産土神と崇める風習が(おそらく自然発生的に)生まれていた。ただし、これだけでは整然とした氏子区域が形成された理由は説明できない。

② その一方、①と同じころから、祭礼課役を賦課する目的で「祭礼敷地」が人為的・強制的に設定される。この場合、産土神を信仰する小地域を基礎にしつつ、条坊制の大路小路を境界線とした。

③ ①の要因に加え、②で毎年「祭礼敷地」の住民たちに祭礼課役が賦課されていくうちに、境界線の内側全域で「自分たちはその神社の氏子である」という意識が醸成され、今につながる整然とした氏子区域が形づくられていった。

つまり、自然発生的な産土神信仰と、人為的な「祭礼敷地」設定とが相互にからまりあいながら、京都特有の整然とした氏子区域が形成されていったと考えられるのである。

稲荷祭の「忌刺榊」

ところで、現代の京都においても、中世の「牓示榊」とよく似た神事が行われている。それは稲荷祭の直前、四月初巳の日に「忌刺榊《いみざしさかき》」と呼ばれる玉串《たまぐし》状のものを、伏見稲荷の神職が各所に挿したてる、「菜花祭《なばなさい》」という行事である（図4―2・第六章の図6―3）。

図4―2　鳥居に忌刺榊が挿された伏見稲荷御旅所

挿したてる場所は、伏見稲荷御旅所《おたびしょ》（南区西九条《にしくじょう》池《いけ》ノ内町《うちちょう》）鳥居と、羅城門（千本九条）、七条千本、大宮松原、寺町松原、本町七丁目の六ヵ所であり、おおむね伏見稲荷社氏子区域の境界にあたっている。それゆえ「忌刺榊」にも、領域の主張と結界の生成という目的があると思われるが、本神事が中世の「牓示榊」をそのまま受け継いできたものかどうかはよくわかっていない。ただ、「忌刺榊」は祭が終わっても残されているので、もし近くを訪れることがあれば、たとえば電柱の陰などに隠れた小さな榊の枝をぜひ探してみてほしい。

五　中世における氏子区域の成立

親子で異なっていた氏神

最後に、京都において氏子区域の領域が隅々まで確定し、そのなかでの住民の氏子意識も完全に確立したのはいつごろなのかを検討してみよう。

長享《ちょうきょう》二年（一四八八）三月、相国寺《しょうこくじ》（上京区今出川通烏丸《からすま》東入ル相国寺門前町《しょうこくじもんぜんちょう》）の禅僧であった亀泉集証《きせんしゅうしょう》は、室町幕府第八代将軍、足利義政《あしかがよしまさ》の祈禱《きとう》を行うにあたり、氏神（産土神）として「御霊神」（ここでは上御霊社の祭神という意味）と書くべきところを「今宮」と書き入れてしまい、義政にその誤りを指摘された出来事があった[11]。亀泉がまちがえたのは、当時の第九代将軍で義政の息子、義尚《よしひさ》の氏神が今宮社であったからである。このころには氏神イコール地域の守り神となっていたことは先述のとおりだが、親子であっても氏神が違っていた事実はたいへん興味深い。

それでは、どうしてこの将軍親子の氏神が異なっていたのであろうか。さいわい彼らの出生場所がわかっている。義政は、永享八年（一四三六）に赤松伊予守義雅《あかまついよのかみよしまさ》邸で生まれているが[12]、同邸は一条通新町《しんまち》の北西にあった[13]。これに対して義尚は、寛正《かんしょう》六年（一四六五）、一条通堀川西にあった細川刑部少輔常有《ほそかわぎょうぶのしょうゆうつねあり》邸で出生していた[14]。

この両場所を第七章の図7―5に×印の①と②で示したうえで、氏子区域との関係を見てみよう。近世十八世紀における上御霊社と今宮社との氏子区域境界は、一条通より南側では堀川通、それより北側では小川通であった(15)。筆者の現地調査でも、この境界線はおおむね現在まで引き継がれている。すると、確かに義政は上御霊社の、義尚は今宮社の氏子区域内で出生しているのである。親子であっても氏神が違うのは当然であった。

しかも、両場所間の距離はわずか約四〇〇メートルに過ぎない。それゆえ当時、この間には氏子区域境界線が厳密に走っていたことが推測されるとともに、十五世紀の段階で、氏子区域の領域およびそのなかでの住民の氏子意識が確立していた可能性も高いといえる。

両側町と氏子区域

そうだとすれば、先に述べた両側町のなかを氏子区域境界線が貫いている問題も、以下のように説明がつく。京都の市街地における両側町の形成時期は十五世紀末から十六世紀初頭とされているので(16)、仮にその後に境界線が確定するような事態に遭遇したとすれば、当然両側町に住む人々は何らかの働きかけを行い、地縁共同体として町全体が同じ氏神の氏子となっているのが自然であろう。

しかし、現実には通をはさんだ両側で氏神が異なっている事実に鑑《かんが》みれば、氏子区域の領域が確定したのは、両側町が成立する以前であったとしか考えられない。つまり、地縁共同体として一つにまとまる前に氏子区域が定まり、区分されてしまったので、そのまま不自然な形で今日まで引き継がれてきたと思われるのである。

氏子区域の成立時期

以上見てきたように、京都において完全に氏子区域の領域が確定し、そのなかでの住民の氏子意識も確立した時期は、おおむね十五世紀前半の室町期、遅くとも応仁の乱（一四六七～七七年）のころまでであったと推定される。もちろん、こういった動きが京都全域でいっせいに生じたり、確定したのではないだろう。それぞれの神社や地域によって事情はさまざまであったのだろうが、関連史料などがきわめて乏しい現時点では、このあたりがおおむね穏当な判断と思われる。

ただ、くりかえすが、地域の守り神としての産土神への信仰は氏子区域成立以前からあり、これを基盤に、都市内各地域の住民がそれぞれの神社の祭に参画するようになっていった歴史はもっと古い。この点を次節であらためて考えてみよう。

六　京都における祭の基本形式——御旅所祭祀

御旅所祭祀のあらまし

都市郊外に鎮座する神社、そしてこれらを地域の守り神（産土神ないし中世後期以降の氏神）として信仰する市街地在住の氏子——このような地理的関係などから、京都の祭が都市の住民によって担われるようになると、それらはおおむね一つの共通する形式をもつに至った。つまり、年に一度、郊外の神社から神々を自分たちの住む氏子区域に迎え、そこで数日の間祈願したり、もてなしたりした後で帰っていただくという祭の形である。

そのための神霊の乗り物として、舁手《かきて》（駕輿丁《かよちょう》）が担ぐ神輿《みこし》という祭具が普及した。神輿は、もともと天皇の乗り物が転用されたと考えられており、史料上、神輿が神霊の乗り物として記録されているのは、天平勝宝《てんぴょうしょうほう》元年（七四九）十二月、奈良の大仏建立のさい、宇佐八幡宮の祭神を乗せて都に迎えたという出来事が最初である。[17] 十世紀ごろまでの神輿は、御霊会において疫神を乗せ、外部に追いやるために使われることもあったが（第七章参照）、その後は神を迎え入れる乗り物として用いられるようになった。

そして、神を迎えるために、神社や祭を支える有力な氏子が多く住む場所に設けられたのが「御旅所」という施設であり、そこで祈願したり、もてなしたりするような祭事を「御旅所祭祀」と呼ぶ。御旅所は、他の地方ではただの空き地であることも多いが、京都の主要神社では常設の建物が設けられて、そこに神輿を安置（駐輦《ちゅうれん》）できるようになっており、祭の期間中は夜店なども出て賑やかになる。現在および過去の御旅所の一覧は表４―１のとおりであり、おおむね氏子区域のなかに設けられている。

表4－1　京都の主要神社における御旅所一覧

松尾社	現在は下京区御前通七条下ル西七条南中野町にあり。ただし、一部の神輿は別の場所に駐輦する。当初から同じ地にあったとみられるが、周囲にいくつか分散していた。
稲荷社	現在は南区東寺道油小路西入ル西九条池ノ内町にあり。天正18年（1590）以前は猪熊通塩小路下ル古御旅町（上社・中社）と七条通油小路付近（下社）の2ヵ所にあり。
祇園社	現在は下京区四条通寺町東入ル貞安前之町にあり。天正19年（1591）以前は烏丸通仏光寺下ル大政所町（大政所御旅所）と車屋町通夷川上ル少将井御旅町（少将井御旅所）の2ヵ所にあり。
北野社	現在は中京区妙心寺道佐井西入ル西ノ京御輿ケ岡町にあり。応仁の乱以前は不明だが、妙心寺道佐井東入ル西ノ京中保町という説あり。
上御霊社	現在はなし。天正18年（1590）～明治4年（1871）まで寺町通広小路上ル中御霊町に中御霊社としてあり。それ以前は新町通下長者町下ル両御霊町にあり。
下御霊社	現在はなし。天正18年（1590）～17世紀前半まで中御霊社が下御霊御旅所を兼ねていたが、その後廃絶。それ以前は室町通丸太町上ル大門町にあり。
今宮社	現在は上京区大宮通北大路下ル若宮横町にあり。現在地に常設されたのは天文年間（1532～55）の頃か。それ以前は場所が定まっていなかったらしい。

ちなみに、神社から神を迎える祭事は「神幸祭《しんこうさい》」「お出《い》で」「神輿迎」、神を送る祭事は「還幸祭《かんこうさい》」「お帰り」と呼ばれ、どの祭でも後者のほうが重視される傾向にある。神幸・還幸の過程では、神輿が氏子区域を巡り、神社とゆかりのある各場所で特殊な神事が行われる場合も多い。

神輿に乗った神霊が、神幸祭で郊外の神社から市街地の御旅所に渡御《とぎょ》（巡幸《じゅんこう》）し、御旅所祭祀を経て、還幸祭で神社に戻っていくという祭の構成は、賀茂社の葵祭を除く、京都の主要祭礼すべてで採用されている形式である。かつては忌避される存在であった御霊・天王神系神社の祭も例外ではない。その背後には、御霊神・天王神が、それまでと逆に都市住民の強力な守護神として崇拝されるという信仰の転換がぁったことはいうまでもなかろう。なお、現在の上下御霊神社に御旅所はないが、ともにかつてはあり、それゆえ両社の祭の基本形式は他社と同様である。

御旅所祭祀の成立時期

それでは御旅所を中心とする祭の形式は、京都ではいつごろ成立したのであろうか。表4―2は、各祭において、御旅所または神輿迎が確認できる初出史料の記録をまとめたものである。本表によると、松尾・稲荷・祇園といった平安京南部を氏子区域とする祭では十一世紀後半、一方これに対して御霊・今宮という北部の祭では、やや遅れて十三～十四世紀までに御旅所祭祀が始まったと見ていいようだ。これらの動きは、時代の差はあるものの、おおむね先に引用した『今昔物語集』の説話に象徴されるような、地域ごとの産土神信仰の強まりに連動していたと思われる。

そして先行研究によれば、当時の京都において御旅所祭祀を担っていた人々は、市街地に住んでいた都市の一般民衆、とくに富裕な商工業者であったと見られている[18]。それゆえ、御旅所を中心とする祭形式が確立した背後には、都市の一般民衆が産土神（後の氏神）への信仰を共有し、御旅所祭祀を通じて結束を強め、次第に祭の主導権を握っていく過程が想定できよう。

また、稲荷社や祇園社の御旅所では、その起源が祭そのものの始まりに直結する伝承を有し、

表４―２　京都の主要祭礼における御旅所または神輿迎の史料上の初見

	年月日	典拠
松尾祭	**康和５年（1103）4/12**	12世紀末成立の『年中行事秘抄』11月春日祭条「（奉幣使が立てられた前例として）已上、松尾稲荷共御旅所之間也」
	久寿元年（1154）4/ 9	『台記』同日条「（稲荷祭延引に対処するための前例として）松尾祭日、神御旅所、然而弁参本社」
	仁安２年（1167）4/ 5	『山槐記』同日条「松尾祭延引、七条西大宮旅所、有死人之故也」、『顕広王記』同日条「松尾祭延引、依櫟谷社旅所有死穢」
稲荷祭	**康和５年（1103）4/12**	12世紀末成立の『年中行事秘抄』11月春日祭条「（奉幣使が立てられた前例として）已上、松尾稲荷共御旅所之間也」
	久寿元年（1154）4/ 9	『台記』同日条「今日稲荷祭、依穢延引（中略）依延引、彼神御旅所、使等可参旅所歟」
祇園祭	**天延２年（974）6/14**	元亨３年（1323）成立の『社家条々記録』「被始行御霊会、即被寄附高辻東洞院方四町於旅所之敷地、号大政所」
	延久２年（1070）6/ 8	12世紀末成立の『年中行事秘抄』11月春日祭条「（奉幣使が立てられた前例として）已上、祇園御旅所云々」
	嘉保３年（永長元年、1096）6/ 7	『後二条師通記』同日条「祇薗御輿向（迎）日也」
	康和５年（1103）11/16	『中右記』同日条「祇薗大政所各焼了」
	永久５年（1117）1/13	『百錬抄』同日条「祇園別宮少将井炎上」
北野祭	**永保２年（1082）8/ 7**	『勘仲記』弘安６年（1283）8/ 1条「（北野祭延引の前例として）永保二年八月四日延引、依内裏焼亡穢也［七日御輿迎、十日祭之］」
	建久３年（1192）8/ 1	『百錬抄』同日条「北野御輿迎也」
御霊祭	寛喜２年（1230）7/18	『明月記』同日条「今日辻祭［号火御子鷹司高倉云々］又御霊［今出河之上、八所御霊云々］御輿迎云々」
今宮祭	貞治６年（1367）5/ 7	『師守記』同日条「今日紫野今宮祭、御輿迎□」

岡田莊司『平安時代の国家と祭祀』1994 などを参考に、各種史料から筆者作成

注：**太字**の年月日は後世の史料によるもの

＊神輿そのものは上表よりも古い記録があるが（例えば『小右記』長和２年〔1013〕6/14条「今日祇園御霊会、御輿後有散楽空車」）、特に御霊会系の祭礼では、それが遷却されていた可能性もあるので、除外している。

かつては（本社とは別に）独自の神職も常駐していた[19]。このため、京都における御旅所とは、祭の時期を中心に「神を迎える在地側のセンター」として機能していたとも考えられている[20]。

祭礼行列の重要性

ところで、神幸祭ないし還幸祭では、神輿が単独で渡御することもあるが、多くの場合、神輿に供奉《ぐぶ》する形でさまざまな出し物が加わり、行列を構成する。さらに、神輿のない葵祭でも勅使奉幣の行列（第五章参照）があるように、祭における行列のあり方は、きわめて重要な着目点である。

たとえば「渡物《わたりもの》」と呼ばれる祭礼行列の出し物は、もともと神霊を警固《けいご》する役割だったり、楽しませる芸能だったりしたが、いつのまにかこういった付属の余興的な渡物のほうが華やかになって、神輿よりも注目され、有名になってしまうケースもしばしばある。実はそのような動きも都市、すなわち京都から始まったと考えられるのだが、詳しくは次章以下でふれていきたい。

神輿を中心とする祭礼行列の構成、それらが神社から御旅所、そして再び神社へと渡御する経路、それに氏子区域のどこでいかなる行事が行われるのかといった点などに着目し、これらの歴史や意味を探ることで、京都における各祭の特徴を理解して魅力を再発見しようというのが、本書の目的の一つである。そして、このような見方や方法は京都に限らず、他の地域の祭でも応用が可能であろう。

それでは、いよいよ次章から、京都の主要な祭をとりあげて、その歴史や特徴、それに現代の見どころなどもあわせて考えていこう。

第五章　平安京以前から続く祭——葵祭と御蔭祭・御阿礼神事

一　現代葵祭のあらまし

葵祭の構成

毎年新緑の季節、五月十五日に葵祭は行われる。朝、京都御所から出発する祭礼行列は、かつての平安装束をまとった人々で構成され、「王朝絵巻」の再現ともいわれる（口絵参照）。とくに女人列《にょにんれつ》の主役、斎王代《さいおうだい》は人気があり、沿道はつめかけた見物客でいっぱいである。しかし、祭礼行列が向かう下鴨・上賀茂両神社ではいったいどのような神事が実施されているのか、そもそもこの祭は何のために執り行われるのかなどといった点は、あまり知られていないかもしれない。

葵祭の説明にさいし、まず同祭は五月十五日だけではなくて、その前後にも多くの行事が行われることに注意したい。時間を追って重要かつ歴史の古い行事のみ列記すると、五月五日の①賀茂競馬《かものくらべうま》（上賀茂）、十二日の②御蔭祭《みかげまつり》（下鴨）と③御阿礼《みあれ》神事（上賀茂）、そして十五日の④祭礼行列（路頭《ろとう》の儀《ぎ》）および下上両社殿前での⑤社頭《しゃとう》の儀と⑥本殿祭（走馬《はしりうま》を含む）、そして⑦山駈《やまが》け（上賀茂）となる。

　これらの流れと目的を簡潔に述べると以下のようになる。まず、①は祭礼の前段儀礼と位置づけられ、②と③では、神体山より新たに生まれた神を本社に迎える。ついで神威が更新された神に対して、④と⑤で皇室から派遣された勅使が幣帛を届けて祈願するとともに、⑥では並行して神社側でも神饌《しんせん》を供えるなどの饗応《きょうおう》をする。最後の⑦は、かつての賀茂氏が祀っていた（本来の意味での）氏神に対する祭と考えられている。

賀茂競馬

　葵祭を構成する行事のうち、上賀茂神社で行われる賀茂競馬（①）は、もともと葵祭との関係はない。社伝によれば、競馬は寛治《かんじ》七年（一〇九三）に始められ[1]、上賀茂社領の地方荘園などから献上された馬を、二頭ずつ組み合わせて競わせるものであった。そして旧暦五月五日に行われていた競馬を、明治の新暦導入後も同じ日取りのままにした一方、葵祭が旧暦四月から新暦五月に移行されたことで両者の間隔が近づき、結果的に一体の行事のようにみなされてしまったものである[2]。

しかし重要な点は、競馬行事が中世以来ほぼ途絶されることなく続いてきたことであろう。後述するように、葵祭（勅使奉幣）は中世末から近世のなかばまでおよそ二世紀中断されていたが、競馬はその間も行われてきた。これは、当時の上賀茂神社が馬にまつわる武神として地方戦国大名らに崇敬され、支えられていたためである。たとえば天正二年（一五七四）五月には、織田信長も自慢の愛馬を当行事に調進・奉納している[3]。つまり、賀茂競馬とは、上賀茂神社と戦国大名とのつながりの象徴ともいえよう。

葵祭の複雑さ

さて、①を除いた②から⑦までが、元来の葵祭を構成する行事といえるが、私たちが通常「葵祭」と呼んで見物するのは④の祭礼行列だけである。しかし、一連の流れを追っていくと、葵祭はかなり複雑な祭礼であり、しかも前章で述べた、他の京都祭礼の基本形式とはずいぶん違っていることがみてとれるのではないだろうか。そこで本章では、葵祭の歴史を追いながら、関連する諸行事の特徴も説明していくことで、祭の全体像を明らかにしていきたい（図5―1）。

なお、葵祭の正式名称は賀茂祭であり、葵祭とは、神前や参列者を飾る双葉《ふたば》葵《あおい》と桂《かつら》にちなんでつけられた、近世以降の通称である。よって本書では、便宜的に中世までの祭を賀茂祭、中断期をはさんで近世以降のそれを葵祭と、呼称を使い分けることにする。

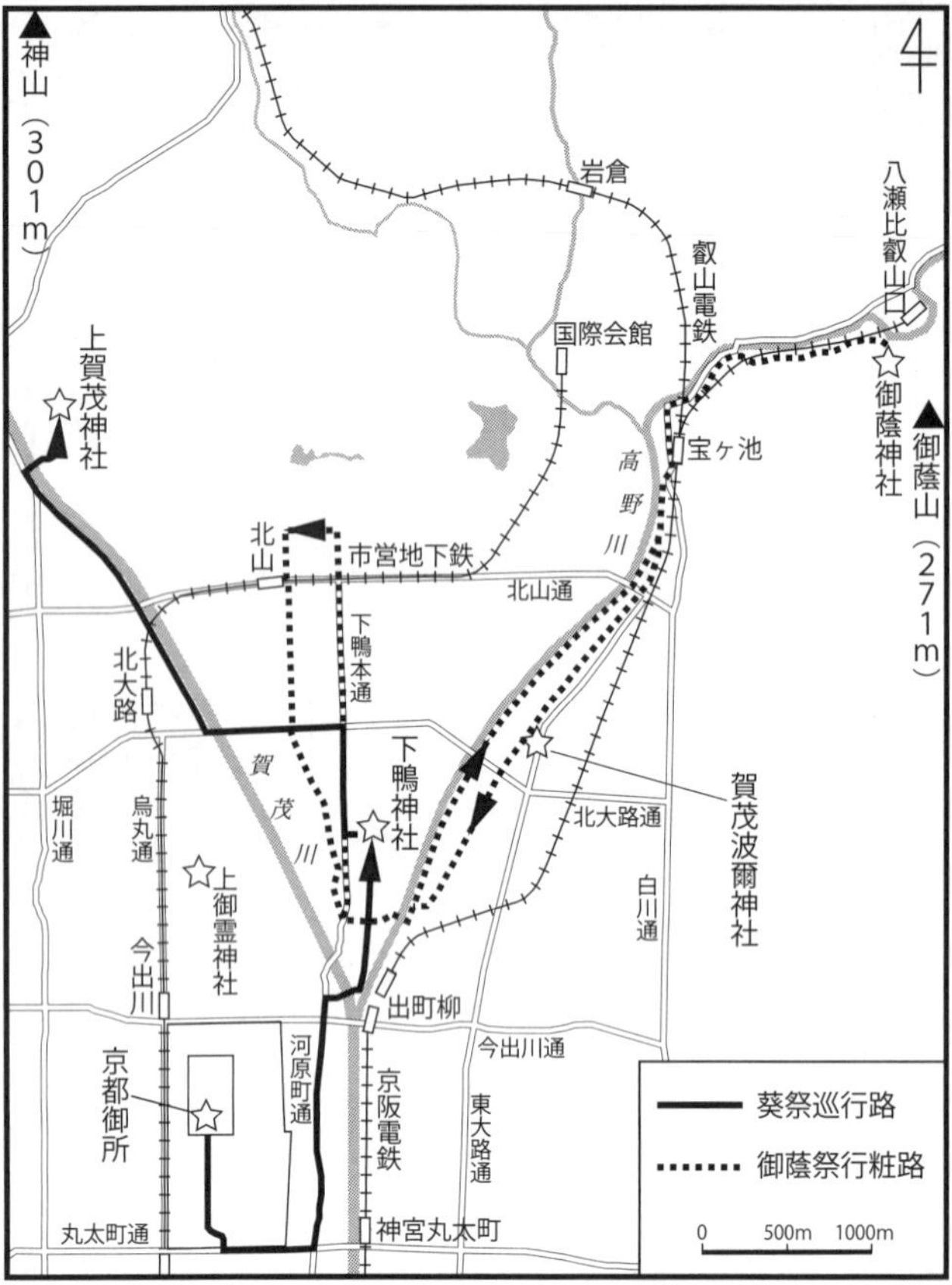

図５―１　現代の葵祭関係図

二　平安前期までの賀茂祭

奈良時代までの賀茂祭

賀茂祭とは、いったいいつから始まったのであろうか。後世の編纂史料であるが、十世紀の『本朝月令』が引用する「秦氏本系帳」によれば、賀茂祭は六世紀欽明朝のころに始められたこと、その目的は五穀豊穣の祈願であったこと、祭は四月吉日に行われて騎馬を走らせていたことなどが記されている。

確かに賀茂祭の歴史がかなり古いことはまちがいない。第二章でも述べたとおり、文武《もんむ》天皇二年（六九八）三月には、賀茂祭に群衆が集まって「騎射」することが禁じられており[4]、同様の禁制は八世紀なかばまで出されていた。さらに天平《てんぴょう》九年（七三七）四月、大伴坂上郎女《おおとものさかのうえのいらつめ》が賀茂社を参拝した旅の途中で歌を詠んでおり[5]、季節からして彼女は祭を訪れた可能性が高い[6]。つまり賀茂祭は、他国からも見物人が訪れるような、きわめて盛大な祭であったことがわかる。

また、当時の賀茂祭には、「乗馬」とか「騎射」といった馬にかかわる出し物が多く出されていたことも興味深い。賀茂競馬なども含めて、賀茂社への信仰と馬とは、切っても切れない関係にあるようである。

平安前期の賀茂祭

さて、延暦十三年（七九四）に平安京が都として定められ、賀茂社が王城鎮護・国家鎮護の神として尊崇を受けるようになると、従来から続けられてきた賀茂社独自の祭に、朝廷が勅使および斎王を派遣し、幣帛を供えて祈願する行事が加わるようになる。これが勅使奉幣（勅祭）である。つまり、平安期以降の賀茂祭は、古くからある神社固有の祭と、国家的祭祀である勅使奉幣とが組み合わされて執り行われるようになった。(7) 現在の葵祭でも基本的にこの構成が引き継がれており、前述の行事番号でいえば、おおむね①・②・③・⑥・⑦が前者、④・⑤が後者と考えられよう。

賀茂祭における勅使奉幣が始められた時期ははっきりしないが、弘仁十年（八一九）三月、賀茂祭が国家による祭祀として「中祀《ちゅうし》」に定められたこと、(8) 弘仁元年に賀茂斎王制度も始まっていることなどから、おそらく九世紀の初頭であっただろう。(9) 当時の「中祀」とは、伊勢神宮の神嘗祭《かんなめさい》と同格であり、個別神社の祭としては最高位の扱いであった。

そこで、次節ではひとまず勅使奉幣行事を中心に据えて、平安期の実態や現代との比較などを考えてみたい。現代はもちろん、平安貴族の日記などからも、賀茂祭のなかで注目されたのは勅使奉幣に限られているからである。

三　賀茂祭における勅使奉幣

勅使奉幣

現在の葵祭において勅使奉幣にあたる行事は、五月十五日、御所から下鴨・上賀茂両神社に向かう祭礼行列である路頭の儀（④）と、両社社殿前での社頭の儀（⑤）である。

これに対して、貞観年間（八五九～八七七）のころに編纂された『儀式』という儀式書などによれば、平安前期の賀茂祭における勅使奉幣は、式日（祭を執り行うと決められている日）が四月中酉日に定められ、宮中の儀、路頭の儀、社頭の儀、還立《かえりだち》の儀などから構成されていた。

ただその数日前には、斎王が賀茂斎院を出て大宮末路（大宮大路を一条より北側に延長した道路、現在の大宮通）を南に下り、一条大路を東へ向かって鴨川の河原で禊《みそぎ》（水で身を清めて、罪や穢れを祓うこと）をした。この「斎王御禊《ごけい》」も人気があって多くの見物人が出たようであり、『源氏物語』葵巻《あおいのまき》に描かれた有名な「車争い」の場面は、この日の出来事に設定されている。なお、現代の葵祭でも、五月上旬に斎王代が下鴨・上賀茂神社境内で禊をする行事がある。

路頭の儀

さて、平安前期の四月中酉日当日には、まず早朝の宮中内裏（現上京区下立売通《しもだちうりどおり》浄福寺《じょうふくじ》付近）において、天皇が勅使に幣帛などを授ける宮中の儀があった（現在は行われていない）。ついで、勅使が行列を組んで一条大路を東へ向かい、下鴨・上賀茂両社へ参向する。途中から斎王も合流する。これが路頭の儀であり、当初は総勢四二〇名程度であった。なお、路頭の儀の行列は、勅使が幣帛を神社に届けるためのものであるから、昔も今も神はいない。神輿を中心とする他の祭礼行列とは、大きく異なる点である。

一方、現代の路頭の儀は、勅使代（近衛使代《このえつかいだい》）を中心とする本列と斎王代を中心とする女人列とから構成されている。いずれも平安装束をまとった総勢五〇〇名以上の行列である。しかし、勅使代も斎王代も「代」という字がついているように、本来の勅使や斎王ではない。昭和三十一年（一九五六）から、京都在住の未婚女性が、かつての斎王にかわる役として斎王代に選ばれ、葵祭に参列するようになったのは有名な話であるが、実は現在の路頭の儀では勅使も代役なのである。

社頭の儀と本殿祭

それでは宮内庁から派遣される正式な勅使はというと、直接両社に向かって社頭の儀に臨む。したがって、現代の葵祭において、厳密な意味での勅使奉幣とは社頭の儀のみということになろう。そして社殿前で行われる社頭の儀では、幣帛を供えたうえでの勅使による「御祭文《ごさいもん》」（天皇の言葉）奏上、それに対する神からの「返祝詞《かえしのりと》」（神の言葉、神職が述べる）、神馬《しんめ》を牽《ひ》き回す「牽馬《ひきうま》の儀」、舞人による「東遊《あずまあそび》」（東国の歌舞）奉納などが行われている。
また、現在の社頭の儀が、神饌などを供えて神をもてなす神社側神事である本殿祭（⑥）と並行して行われる点は重要である。すなわち、神社の中心的な神事と国家的祭祀である勅使奉幣を組み合わせるという賀茂祭の特徴は、今でも受け継がれているといえよう。なお、下上両社ともにしかるべき初穂料《はつほ》を納めれば、社頭の儀などを拝観できる。

一方、平安前期における社頭の儀や本殿祭の様子はよくわかっていない。が、『嘉元年中《かげんねんじゅう》行事《ぎょうじ》』など後世の記録から推測すると、本質的には現代と大きく異なっていなかったらしい。また、祭行事の構成などから、四月中酉日が勅使奉幣の式日に定められた理由は、（朝廷側が勝手に決めたのではなく）古来賀茂社側で執り行ってきた独自の祭（本殿祭など）が四月であったため、その時期に割り込ませたと考えられている。[10]

ついでこれらの後には、現在の下上両社ともに境内で神馬を走らせる「走馬」（⑥）が行われる。本行事は『儀式』にも記されているので、平安前期にもあった。おそらく走馬は、平安京造営以前から行われていた「乗馬」や「騎射」を引き継いだ行事といえよう。あるいは疾駆する馬を、祭神である雷神の稲妻か賀茂伝説の「丹塗矢」に見立てたという見方もある。[11]

平安前期の勅使は、上賀茂社での社頭の儀が夕刻に終わると宮中内裏に戻り、祭の次第を報告した。[12] これが還立の儀である。しかし、行事が夜までかかる場合が多かったようであり、したがって、斎王は上賀茂社の御殿である「神館《かんだち》」に宿泊した。十二世紀の第三十一代斎王、式《しき》子《し》内親王は、このときの思い出を後に回想して次のような歌を詠んでいる。

わすれめや葵を草にひき結び仮寝の野辺の露のあけぼの
ほととぎすそのかみ山の旅枕ほの語らひし空ぞ忘れぬ
(『新古今和歌集』)

翌日になって、斎王が斎院に戻るさいの行列も「祭のかへさ」(『枕草子』)と呼ばれて人気があり、多くの見物客が出た。

四　勅使奉幣の「過差」と「風流」

華やかさを増す勅使奉幣

さて、賀茂祭の勅使奉幣においては、とくに平安中期の十世紀後半以降、路頭の儀など祭礼行列の華やかさが目立ってくる。

たとえば、祭見物のために貴族らが一条大路に桟敷を設営する事例は、永延《えいえん》二年(九八八)四月が最初である。(13) また、天延三年(九七五)三月には、祭礼行列における過大な従者の数と身分不相応な装束に対する禁制も発せられた。(14) このような賀茂祭における出過ぎた贅沢《ぜいたく》ぶり

（「過差《かさ》」）への取り締まり命令は、その後もくりかえし出されたが、あまり効果はなかったようである。[15]

　興味深いことに、『栄花物語《えいがものがたり》』は、寛弘《かんこう》二年（一〇〇五）、時の為政者、藤原道長《みちなが》の息子、頼通《よりみち》が勅使に任命されたため、道長が一条大路に立派な桟敷を設け、多数の人々を引き連れて見物するなどとくに華やかになった祭の様子を記すなかで、それは「ことわり」（当然のこと）なのだと評している（ただし、本逸話は史実ではない）。

　さらに五年後の寛弘七年四月、やはり息子、教通《のりみち》が勅使を務めたさいにも、道長は彼ら一行を派手に飾り立ててやり、みずから「すこぶる過差」だと認めつつ、その行為を「神事によりてなり」と正当化している（『御堂関白記《みどうかんぱくき》』）。以上からは、取り締まりを命ずる立場にあった為政者自身が、神事を口実に祭の過差を促進させていた当時の雰囲気が伝わってこよう。

　このように華美がエスカレートする十一世紀前半の賀茂祭の様子を、藤原実資《さねすけ》は「過差の甚だしさ、例年に万倍す」「過差極みなし」「狂乱の世なり」（いずれも『小右記《しょうゆうき》』）などと評している。かくして同祭は、「歌集にまつりとのみいへるは賀茂の祭をいふなり」（『和訓栞《わくんのしおり》』）と、当時を代表する祭とみなされるに至った。

　祭などの行事を美々しく飾り立てる創意工夫のことを「風流《ふりゅう》」と呼ぶが[16]、平安前期以前のさまざまな祭の記録には、平安中期以降のような風流の存在はうかがえない。つまり賀茂祭の勅使奉幣行列は、日本史上はじめて、きらびやかな風流で彩られた祭となったのである。

都市から生まれた祭の風流

しかし、賀茂祭に風流が凝らされたのは、それが当時の貴族層を主体として執り行われていたからとはいえない。なぜならば、次章以降で述べるとおり、祭礼の風流は、平安後期には民衆層を主体とする稲荷祭や祇園祭などにも波及し、しかも後世に長く引き継がれたからである。

これらの祭礼が華美になった理由は、道長の言葉にあったように、華やかであればあるほど神が喜ぶと考えられていたこともあろう。ただ、史料のうえでは、その後の中世でも風流にみちた祭は京都以外にほとんど確認できない。古代以来、祭行事は日本各地で行われていたはずであるのに、なぜ京都の主要祭礼だけが共通して華やかな風流に彩られていたのであろうか。

これは、ある意味、素朴な疑問であり、たとえば「いや、それは平安京という都市で行われた祭だからだろう」といった答えで片付けられてしまいそうになる。が、どうして都市の祭だときらびやかになるのであろうか。よく考えれば、なかなかむずかしい質問のように思われるのである。やはりこの問いには、きちんと答えておく必要があるようだ。

柳田国男《やなぎたくにお》によれば、日本の祭の長い歴史のなかできわめて重要な変わり目は、「見物」と称する群衆の発生であったという。(17) すなわち祭の直接的な担い手とは別に、いつしか祭行事を審美的に観察する見物人が出現したことで、担い手の人々は見物人のまなざしを意識し、みずからの祭をより美しく、魅力的なものにしようとして風流が発達したというのである。

そして、この見物人によって「見られる祭」が発生する場とは、不特定多数の者が居住する都市以外にはありえない。ある祭に対して、おそらく住民全員が担い手であったような村落では、外からやってくる見物人の出現は考えられないからである。

しかも京都では、遅くとも十二世紀ごろには、都市内部が異なる産土神（後の氏神）と祭をもった小地域（後の氏子区域）に分かれていた。したがって、ある祭が行われるさい、とくに行列が大路小路を渡るさいには、祭と直接関係のない近隣の住民たちが、路傍で物見高い見物人となってさまざまに批評しあったことであろう。担い手としては、このような見物人のまなざしを強く意識せざるをえず、それゆえ創意工夫を凝らして、見劣りのしない立派な祭を心がけたに違いあるまい。

以上のように、京都において祭の風流が発達した最大の理由は、都市における不特定多数の見物人の存在であったと指摘できよう。

その後の勅使奉幣など

さて、話を賀茂祭に戻して、その後の勅使奉幣について述べておこう。十三世紀に斎王制度が途絶えた後も勅使奉幣は続いていたが、貴族層の没落などにともなって次第に衰微し、ついに応仁の乱（一四六七～七七年）によって中断を余儀なくされた。時代が下った近世江戸期、元禄《げんろく》七年（一六九四）に再興されて現代に至るが（終章参照）、約二世紀もの長い中断であったため、再興にあたっては、もっぱら文献史料や絵画史料が参考にされた。したがって、かつての細かな手続きや所作などはわからずじまいだったようである。

ところで、京都の主要祭礼のなかで、葵祭（賀茂祭）だけが御旅所祭祀の形式をとっていないのはなぜであろうか。理由として考えられるのは、下上両社および賀茂祭が、平安期以来長らく国家（朝廷）や貴族層に支えられていたため、御旅所祭祀を担った民衆が祭に積極的に参画する余地が乏しかったこと、両社の鎮座地が市街地から遠く離れているため、氏子区域が周辺の農村部に限定されたことなどがあげられよう。

しかし、賀茂祭に対する民衆、とくに都市の民衆の関与がほとんどなかったがゆえに、同祭における神社独自の行事には、古代の原初的な要素が残っているともいえる。しかもこれらは、勅使奉幣が中断している間も（後述する御蔭祭を除いて）維持・継承され、今日まで存続しているのである。[18]

五　原初の賀茂祭——御蔭祭と御阿礼神事

御蔭祭

では次に、賀茂社独自の行事に焦点をあててみよう。そのなかでとくに注目したいのは、現在では五月十二日、近世以前では四月中午日《なかのうまのひ》に行われた御蔭祭（②）と御阿礼神事（③）である。「御阿礼」は「御生」とも記されるように、ともに神体山より新たに生まれた、あるいは神威が更新された神霊を本社に迎える行事といえる。

下鴨神社の御蔭祭から説明すると、まず当日の朝、下鴨神社より神職や氏子が神体山、御蔭山中腹に鎮座する摂社、御蔭神社（左京区上高野《かみたかの》東《ひがし》山《やま》、図5—2）に向かう。御蔭社境内では、神霊が「御生木《みあれぎ》」という榊の枝を依り代に降臨する神事（「御生神事」）が行われ、ついでそれを櫃《ひつ》に納めて錦《きん》蓋《がい》で覆い、昼過ぎに下鴨神社へ戻る。

図5—2　御蔭神社

現在の行程の大部分はトラックやバスが使われているが、途中、「路次祭」が行われる摂社、賀茂波《かもは》爾《に》神社（赤ノ宮、左京区高野上竹屋町《たかのかみたけやちょう》）および下鴨神社の手前では、神職や氏子が行列を組んで歩く。この行列は「行粧《ぎょうそう》」と呼ばれ、下鴨神社手前では神霊櫃が神馬に乗せられて渡御するので、神輿を用いない、珍しい形式の神霊渡御を見ることができる（図5—3）。

神馬を中心とする「行粧」は、夕方近くになって

図5―3　御蔭祭・神霊渡御

糺《ただす》の森参道を進み、途中の「切芝《きりしば》」と呼ばれる小さな広場で「東遊」などが奏される。その後神霊を下鴨神社に迎えたところで御蔭祭は終了し、神威が更新された祭神は三日後の社頭の儀（⑤）と本殿祭（⑥）などを待つ。このうち「切芝」は古代の祭祀場址《あと》といわれ、上賀茂神社境内にも同名の場所があるため、何か深い意味があると思われるのだが、詳しいことはよくわからない。

御阿礼神事

ついで上賀茂神社の御阿礼神事は、十二日の夜に執り行われる。秘儀として完全に非公開で行われるため、筆者も見たことがない。先行研究(19)が伝えるところによれば、当日の夜、まず神職らは本殿の西北五〇〇メートルほど奥にある森、「御阿礼野《みあれの》」（現在は京都ゴルフ倶楽部《クラブ》内）の一隅にあらかじめ設けられた「御阿礼所《みあれどころ》」へ向かう。

「御阿礼所」とは、常緑樹の枝を木枠にびっしりと取り付けた緑の壁で四面を囲い、そのなかに「阿礼木《あれぎ》」という大きな榊および「御休間木《おやすまぎ》」という杉丸太二本を立てた仮設の生垣であり、ここを依り代として神体山、神山《こうやま》から神霊を迎え入れる。このような依り代は「神籬《ひもろぎ》」と呼ばれて、『日本書紀《にほんしょき》』などに用例がある。ついで神霊を真榊に遷し、神職が捧げ持って上賀茂神社に戻る。以上一連の神事は、一切の灯火が消された暗闇《くらやみ》のなかで行われるそうである。

なお、なぜ聖なる場所といえる「御阿礼所」がゴルフ場内にあるかというと、第二次大戦の敗戦で上賀茂神社の奥に広がっていた「御阿礼野」の森が進駐米軍に接収され、樹木が伐り払われてゴルフ場にさせられてしまい、そのままになっているためである。したがって、普段でも「御阿礼所」が設けられる場所に立ち入ることは、原則としてできない（ただし、二月中子日《なかのねのひ》に行われる燃灯《ねんとう》祭では、「御阿礼野」内の「神館」跡まで入ることができる〔図5―4〕）。

図5―4　現代の上賀茂神社・燃灯祭

賀茂祭の原初

さて、この御蔭祭と御阿礼神事を、平安期以前の史料で確認することは困難である。おそらく秘儀であるゆえに記録が残されなかったと考えられており、[20] 確実な記録となると、御蔭祭では正慶《しょうきょう》二年（一三三三）の『下鴨社家古文書』[21]に「御蔭山に御行す」とある記事、御阿礼神事では嘉元年間（一三〇三〜〇六）に上賀茂社で編纂された『嘉元年中行事』という史料が最も古い。

このうち御蔭祭に関しては、建長《けんちょう》元年（一二四九）に成立した『現存和歌六帖《げんそんわかろくじょう》』に、中原《なかはら》師光《もろみつ》の歌として「そのかみの御陰の山の諸葉草《もろはぐさ》けふはみあれのしるしにぞとる」（「諸葉草」とは双葉葵のこと）とあるので、もう少し時代がさかのぼれるかもしれない。しかし、寛仁《かんにん》二年（一〇一八）十一月の記録では、御蔭山が賀茂の「皇御神」[22]が天下ってきた聖地と強調されながら、そこで何らかの祭が行われていた形跡がないことから、この時代に今のような御蔭祭は成立していなかったとする見方が有力である。[23] なお御蔭祭も、勅使奉幣とほぼ同じ期間、中断されていた。

しかし、一方の御阿礼神事については、多くの識者が述べているように、記録の有無にかかわらず、平安期より前にさかのぼる、きわめて古い時代の面影を伝えていることはまちがいなかろう。具体的には、第一に毎年決まった時期に神体山から神を迎え入れるという点、第二にそのさい、仮設の神籬である「御阿礼所」を作って用いる点、第三に夜中の秘儀として行われる点などである。[24]

第一の点は、かつての神は人里離れた土地に住み、農耕の節目などに限って人里を訪れるという祭の原初的形態を伝えている。第二の点も、祭を行うにあたって常設の神社社殿を必要としなかったころのなごりであろう。第三の点も、神の降臨とは深夜厳粛に執行されるのが古い慣行であった(25)。

賀茂祭が奈良時代以前から行われていたことは先述のとおりだが、これらの記録にあるのは「乗馬」や「騎射」といった神をもてなす行事ばかりであり、祭祀の核心である神の降臨を迎え、祈禱する神事にはふれられていない(26)。しかし、当時そのような神事がなかったはずはない。したがって、さまざまな点で原初的な祭の面影を残す御阿礼神事が当該神事に相当し、その後おおむね元のままの姿で現代まで伝承されている可能性はきわめて高いといえる。

神を送る神事

一方で、現在の葵祭のなかには、神体山から来臨してきた神を、再び山に送る神事は見当たらない。後に常設の社殿が造営されたことなどで、いつしか忘れられてしまったのであろうか。

ただ、岡田精司氏によれば、現在は六月十日、近世以前は四月下旬に行われていた上賀茂神社摂社、賀茂山口《かもやまぐち》神社の「御田植祭《おたうえさい》」がそれにあたるのではないかという(27)。

つまり、元来の賀茂祭は、四月中午日の深夜に神を迎え、中酉日を中心に神をもてなし、そして下旬に田植えの所作を見たうえで戻っていただく構成であった。上賀茂神社の祭神が、農耕に不可欠な降雨をつかさどる雷神であったことからも、同祭の本質は稲の豊穣を祈願する農耕儀礼だったというのである。実のところはよくわからないが、一考に値する説といえよう。

このように葵祭（賀茂祭）は、平安期における都市文化の最先端ともいうべき華やかな風流に彩られている一方、平安期より前の原初的な形態も色濃く残している。京都における他の祭との比較でいえば、前者は他祭礼に強い影響をおよぼした先駆け的要素といえるし、これに対して後者は、他の祭にはまったく残っていない、あるいは最初からなかった古代の要素といえる。葵祭とは、実に奥が深い祭なのである。

六　知られざる葵祭——山駈け神事と宮川神社・奉告祭

山駈け

ところで、五月十五日の葵祭は、上賀茂神社での社頭の儀と本殿祭、そして走馬をもって終了する——おそらくほとんどの人がそう思っているだろう。しかし、実はもう一つ重要な神事が残っている。それが山駈け（⑦）である。

現在の上賀茂神社における競馬や走馬などを担っているのは、「賀茂県主同族会」の人々である。彼らは、その名のとおり、近世江戸期まで上賀茂神社の神職であった賀茂氏の末裔《まつえい》であり、神職から離れた後も同族会を結成し、競馬や走馬の「乗尻《のりじり》」（騎手）役などを通じて葵祭に奉仕している。

そして夕方に走馬が終わり、見物客が帰ってしまうころ、彼らは馬とともに境内奥、「御阿礼野」内の「神館」跡に向かい、祝詞を奏上した後で各馬を一頭ずつ走らせる。この行事を山駈けと呼ぶ（原則非公開）。黄昏《たそがれ》の静寂のなかで、淡々と森を駆け抜ける馬の姿はきわめて神秘的であり、何か深い意味がこめられた神事であることを予感させよう（図5―5）。

図5―5　葵祭・山駈け神事

ところが、この山駈けについては古い記録が一切なく、いつ始まったのか、どういう意味があるのかなどよくわかっていない。謎にみちた神事である。ただ一つだけいえるのは、賀茂氏の末裔だけで行われる行事であるから、古代の（本来の意味での）氏神に対する祭の系譜を伝えていることだけは確かであろう。[28] つまり、ここにも原初的な祭の面影が今に残されているのである。

奉告祭

最後に、もう一つ「知られざる葵祭」[29] を紹介しておこう。第二章で紹介した賀茂伝説のなかで、「丹波国の神野の神、伊可古夜日女《いかこやひめ》」という女神が出てきたことを思い出していただきたい。玉依日子・玉依日売兄妹の母、別雷神の祖母であり、下鴨神社摂社、三井《みつい》神社には祭神として祀られている。しかし、その出身地とされている「丹波国の神野」とはどこであるのか、諸説あって判然としない。

ただ、現在の京都府亀岡《かめおか》市宮前町《みやざきちょう》の宮川《みやがわ》神社には、当地が「神野」であり、祭神を伊可古夜日女とする伝承があるため、その由縁をもって、毎年宮川神社の氏子約二〇名が葵祭の行列に参加している。もちろん、この伝承は史料のうえで確認はとれない。おそらく行列に参加する慣行もそれほど古くはなく、明治か大正のころに始まったのであろう。

しかし、氏子の人々による崇敬の念は厚く、葵祭前日の五月十四日夕刻には、宮川神社の社頭に全員が集まって明日の無事を祈る「出仕奉告祭《ほうこくさい》」が行われている。のどかな山里のお宮で素朴な神事を見つめていると、史実云々はさておき、静かに古代の神々へ思いをはせられるような気がする。

第六章　平安京の都市構造と結びついた祭——松尾祭と稲荷祭

一　松尾祭とその歴史

現代の松尾祭

洛西、松尾大社における最大の祭が、四月から五月にかけて行われる松尾祭である。今は四月二十日以降の最初の日曜日に神幸祭、それから三週間後の日曜日に還幸祭が行われているが、近世江戸期までは旧暦三月中卯日が神幸、四月上酉日が還幸という式日であった。

現在の神幸祭では、朝、松尾大社を出御した六基の神輿（本社の大宮社、摂末社の櫟谷《いちたに》社・宗像《むなかた》社・三宮《さんのみや》社・衣手《ころもで》社・四之社《しのしゃ》）と境外摂社、月読《つきよみ》神社（西京区松室山添町《まつむろやまぞえちょう》）の神霊を乗せた唐櫃が、氏子たちに担がれて東へ向かい、昼ごろに桂大橋付近の西岸から、桂川を船で渡る（船渡御《ふなとぎょ》）。京都では珍しい船渡御は、人気のある見どころであり、川岸や大橋の上に多くの見物

客が集まる（図6―1）。なお、月読社だけが唐櫃である理由は、かつて神輿が洪水で流されたためといわれている。(1)

図6―1　松尾祭・桂川船渡御

図6―2　松尾祭・西寺跡での神供行事

川を渡り切った後、東岸の河原斎場で団子神饌を献ずる神事があり、昼食となる。ついで午

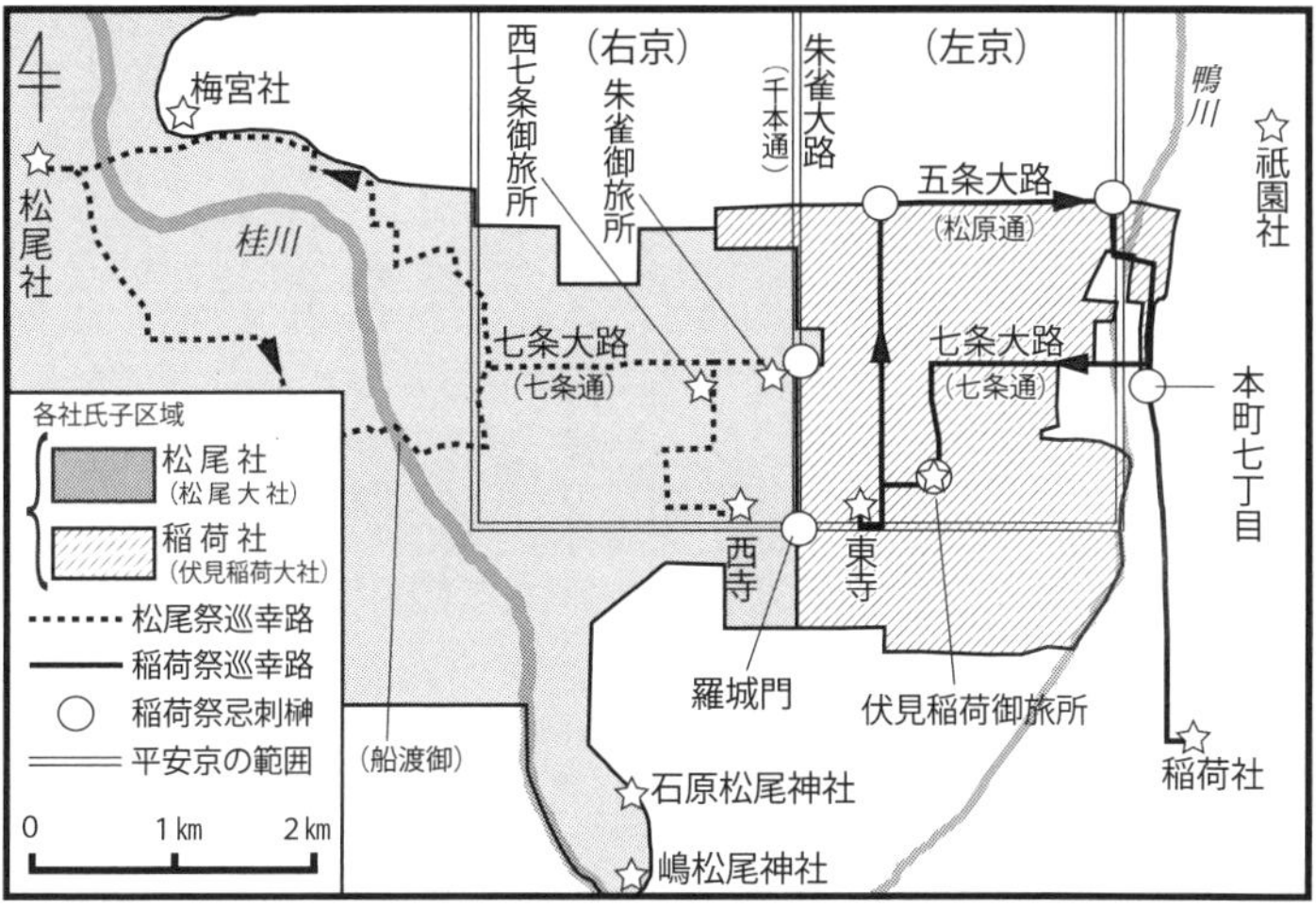

図6—3　松尾祭・稲荷祭関係図

後から夕方にかけては、三宮神輿が旧川勝《せんしょう》寺《じ》村の三宮神社（現右京区西京極北裏町《にしきょうごくきたうらちょう》）、衣手神輿が旧郡《こおり》村の衣手神社（現右京区西京極東衣手町《ひがしころもでちょう》）、その他は旧西七条《にししちじょう》村の西七条御旅所（現下京区御前通七条下ル西七条南《みなみ》中野町《なかのちょう》）まで、それぞれ渡御して駐輦する。

これに対して還幸祭では、朝出御した各神輿が氏子区域を巡り、昼ごろに旧唐橋《からはし》村の西《さい》寺《じ》跡、「旭日《あさひ》の杜《もり》」（現南区唐橋西寺町《さいじちょう》）に参集して、「赤飯座《あかいざ》の神饌」や「西ノ庄の粽《ちまき》」を供える神事が行われる（図6—2）。西寺とは、平安京造営にあわせて右京に創建された官寺であったが、永祚《えいそ》二年（九九〇）二月の火災[2]などを契機に衰微し、天福《てんぷく》元年（一二三三）十二月、それまでわずかに残っていた塔も焼失した[3]。このころに廃絶したと考えられる。最近の発掘調査によれば、西寺は、朱雀大路（千本通）をはさんで、左京の東寺とほぼ同一の伽藍《がらん》配置をなしていた。

ついで、旧朱雀《すじゃく》村の朱雀御旅所（現下京区七条通新千本西入ル朱雀裏畑町《すじゃくうらはたちょう》）という小社でも、すべての神輿が集合して神供《じんく》行事が行われる。その後は、桂川北側の地域を巡って西に向かい、松尾橋から本社へ還御する（図6―3）。またこの日、本社の建物や神輿、神職の冠・烏帽子《えぼし》に至るまで葵と桂とで飾る。つまり、賀茂社の葵祭と同様の粧《よそお》いがなされるのである。実はこの風習は稲荷祭にもあることから、三つの祭礼の共通性が指摘されてもいるが、詳細は省略したい。

以上述べてきた内容から、松尾祭における重要なポイントは、桂川船渡御と河原斎場での神事、西寺跡での神事、朱雀御旅所での神事、それに御旅所祭祀の四点といえる。それではこれらを意識しながら、以下に祭の歴史を追ってみよう。

松尾祭の歴史

松尾祭に関する最古の史料は、九世紀後半の『儀式』に「松尾祭儀［四月上申《じょうしん》］」とあり、毎年四月上申の日、朝廷から松尾社に勅使が派遣されて幣帛を供える行事などが説明されている。したがって、当時の松尾社が、朝廷より格別の扱いを受けていることが理解できる。しかも、後世の史料と考えあわせると、勅使奉幣は松尾社独自の祭にあわせて実施されていたらしいので、この点についても、ちょうど前章で説明した賀茂祭とよく似た構造になっていた（ただし、勅使派遣にあたって賀茂祭のように大規模な行列はない）。ところが、それ以前から行われているはずの、神社独自の祭の様子はまったくわからない。

その様相が少し明らかになるのは、長徳《ちょうとく》四年（九九八）四月、「山崎津人」が松尾祭に「田《でん》楽《がく》」という芸能を奉納していたとする記録である。[4]「山崎津人」とは、山城国乙訓《おとくに》郡大山崎《おおやまざき》（現京都府乙訓郡大山崎町《おおやまざきちょう》）付近に住んで、淀川《よどがわ》・桂川を利用する水運に従事していた人々と考えられており、[5] それゆえ松尾神と桂川との結びつきも示唆している。

ついで嘉保《かほう》三年（一〇九六）三月、穢れによって松尾祭が延引（延期）されたさい、松尾神は祭の延引を望んでいないという「童謡」がはやり、人々は競いあって松尾社に参詣した。[6]「童謡」に託された松尾神の意向は、もちろん同神を信仰していた民衆の意向でもあったろう。このころには松尾祭における御旅所祭祀も始まっており、したがって、当時の同祭では一般民衆の担う役割が大きくなっていたと推定される。

それでは松尾祭を担う一般民衆のうち、とくに有力であったのはどういう人々であったのだろうか。そこで注目されるのは、まず仁安《にんあん》二年（一一六七）四月、「七条西大宮旅所」に死人があり、それゆえ当年の松尾祭が延引されたという記録である。[7] ここからは、松尾御旅所が、当時から現在と同じ西七条にあったことがわかる。

ついで元久《げんきゅう》元年（一二〇四）の古文書には、神幸祭・還幸祭に関して、「西七条之住人」による費用の調進方法が記されている（『鎌倉遺文《かまくらいぶん》』所収「官宣旨」）。さらに安貞《あんてい》三年（一二二九）

三月の神輿迎において、船渡御をつかさどった「桂供御人」と神輿昇《かき》を担った「西七条住人」

との間でいさかいとなり、神輿が川岸に放棄されるという事件[8]なども、当時の松尾祭における神輿渡御や御旅所祭祀を中心的に担っていたのは、西七条の住民であったことを示している。当時の船渡御の様子も興味深い。

西七条という地域

ところで、なぜ西七条という地域の住民が、松尾祭を主導するようになったのであろうか。

その理由としては、平安京右京の七条大路（七条通）北側に設けられた官営市場、西市《にしのいち》との関連が指摘できる。物品が集積する市場の周辺には、商工業者を中心に、多くの人々が集住するようになるからである。

ただ、都市としての右京は早くから衰退しはじめ、西市も、承和九年（八四二）十月、左京の東市《ひがしのいち》に比べてその衰微が指摘されている。[9]が、十世紀の『延喜式』には、なお東市・西市が同格に併記されているので、この段階ではまだ市場として一応機能していたのであろう。

その後の十一世紀になると、右京全体が農村になっていったと見られるが、西七条には、針作りに従事した鍛冶と見られる「西七条刀禰《とね》」（『中右記』）や「まつ（貧）しき銅細工」（『松崎《まつざき》天神縁起《てんじんえんぎ》』）が住んでいた。[10]さらに、七条大路が西国へ向かう山陰道《さんいんどう》に接続する基幹道路であったことからも、当時の西七条はそれなりに繁栄した地域であったと推測される。よって、このような手工業者に周辺の農民も加えた西七条の民衆が、御旅所を設けて松尾祭を主導したのであろう[11]。

以上のように、松尾祭の基本的な形式や内容は、中世前期の十三世紀ごろに確立されて、おおむね今日まで引き継がれていると見てよい。しかし、同祭の特徴とは、実は東隣で行われる稲荷祭と比較することで、より際立ってくるのである。そこで、次節では稲荷祭の現状と歴史を考えてみることにしよう。

二　稲荷祭とその歴史

現代の稲荷祭

現在の稲荷祭は、四月二十日前後の日曜日に神幸祭、五月三日に還幸祭が行われているが、近世江戸期までは旧暦三月中午日が神幸、四月中卯日または上卯日が還幸という式日であった。

現代の神幸祭では、午前中、伏見稲荷大社において五基の神輿に神霊が遷されると、それらはトラックに乗せられ、午後から車列を組んで御旅所（南区東寺《とうじ》道《みち》油小路《あぶらのこうじ》西入ル西九条池ノ内町）へ向かう。トラックを用いる理由は、伏見稲荷本社と氏子区域が離れているためで、昭和三十七年（一九六二）から導入された。また、神幸祭に先立って、氏子区域の各所に「忌刺榊」を挿したてる「菜花祭」という神事が行われている。

図6—4　稲荷祭・東寺慶賀門での神供行事

還幸祭でも、午後から神輿がトラックに乗せられ、御旅所から伏見稲荷本社に向かうことは同じであるが、途中東寺に立ち寄り、東門にあたる慶賀門《けいがもん》前にて僧侶による神供を受ける行事が注目される（図6—4）。これは重要な神事なので、後で詳しく見てみよう。

ちなみに五基の神輿は、伏見稲荷大社本殿に祀られている五座の祭神、下社・中社・上社・田中《たなか》社・四大神に対応し、それぞれかつての東塩小路《ひがししおこうじ》村および中堂寺《ちゅうどうじ》村（現下京区東塩小路町《ひがししおこうじちょう》および中堂寺、隔年交代）・西九条村（現南区西九条）・東九条村（現南区東九条）・不動堂《ふどんどう》村（現下京区北不動堂町《きたふどんどうちょう》・南《みなみ》不《ふ》動堂町《どんどうちょう》）・八《はち》条《じょう》村（現南区八条）の氏子が奉仕している。

今では神幸・還幸ともトラックであっという間に終わってしまうので、祭らしい風情に欠けるが、氏子の人々が楽しみにしているのは、その間の休日に行われる氏子祭であろう。この日には、それぞれの神輿を担いで自分たちの氏子区域を巡幸するからであり、一年のうちで、氏神の稲荷神を最も身近に感じられる日といえる。また、あわせて御旅所の神楽殿では、中堂寺六斎会《ろくさいかい》より六斎念仏という民俗芸能も奉納されている。

稲荷祭の歴史

稲荷祭は貞観年間（八五九〜八七七）に始められたともいうが、(12)確実な記録では寛弘三年（一〇〇六）四月、「稲荷祭の間、闘乱出来《しゅったい》の事」とあるのが最初である（『小記目録《しょうきもくろく》』）。その様子は、長暦《ちょうりゃく》四年（一〇四〇）四月における次の記録によってわかる。

今日稲荷祭なり、小舎人童《こどねりわらわ》二人馬長《うまおさ》に騎《の》る、件《くだん》のこと太《はなは》だ由《よし》なし（中略）七条堀河辺の小屋に到《いた》り、密々に見物し、了《おわ》りて帰去す。御倉《おくら》小舎人頼高を祭使となす、その儀公使と異ならず、惣《そう》じて過差いうべからず、狂乱を尽くすの代なり、また御倉小舎人が此のごときの役、なお以て軽々か。（『春記《しゅんき》』）

これは、当時蔵人頭《くろうどのとう》・左中将の職にあった藤原資房《すけふさ》という人物の日記である。まず彼が、「七条堀河辺」で祭の行列を見物していることに注意したい。同じころの『雲州消息《うんしゅうしょうそく》』という史料でも、七条大路で稲荷祭を見物したとあり、さらに当時の御旅所が同大路に近い八条《はちじょう》坊門猪熊《ぼうもんいのくま》（現下京区猪熊通塩小路下ル古御旅町《いのくまどおりしおこうじさがるふるおたびちょう》）と七条油小路にあった点からも、同祭の神輿渡御が七条を中心に練り歩いていたことはまちがいなかろう。ちなみに近世十八世紀の神幸祭でも、神輿は七条通を巡幸していた⒀（図6―3）。

七条といえば、松尾祭の西七条が想《おも》い起こされるが、稲荷祭の場合は左京の七条大路である。ただ、なぜ同大路界隈《かいわい》が祭の中心であったかという理由は、松尾と同じく、左京の官営市場、東市との関連が指摘できる。東市の付近には多くの商工業者が住んでおり、天福二年（一二三四）八月、烏丸から油小路にわたる七条の火事では、当時の繁栄が「土倉（高利貸）員数を知らず、商賈《しょうこ》（商店）充満し、海内《かいだい》の財貨ただ其《そ》の所にありと云々」と評された（『明月記』）。

面白いのは、嘉保二年（一〇九五）四月、伊勢神宮の神宝を製作していた「行事所」という官営工房では、稲荷祭の日にあたって「道々の細工」（職人）が「懈怠《けたい》」していたという事実である（『中右記』）。彼らにとっては、祭の楽しみが優先で仕事どころではなかったのだろう。以上のように、平安後期の稲荷祭は、左京七条在住の一般民衆、とくに商工業者によって支えられていた⒁。そして十二世紀なかばごろより、これら富裕な者のなかから、多額の祭礼費用を負担する馬頭役（馬上役）が差定されるようになっていったのである。

稲荷祭の賑わい

一方、祭礼行列の内容については、まず『春記』の冒頭に、馬長《うまおさ》という渡物が記されている。

馬長とは、小舎人童（貴族などに仕える小者）らを美しく着飾らせて馬に乗せた、人気のある出し物であり、その具体的な姿は十二世紀後半の『年中行事絵巻《ねんじゅうぎょうじえまき》』によって理解できる（第七章の図7―3参照）。

『年中行事絵巻』とは、後白河法皇の命によって、宮中行事や祭などの様子が描かれた貴重な絵画史料であり、その巻十一と十二には、稲荷祭の行列として、馬長・巫女《みこ》・田楽・獅子舞《ししまい》・大御幣、そして現在と同じ五基の神輿なども描かれている。これら渡物の様子からうかがえるのは、当時の祭の華麗さと賑やかさ、そしてエネルギッシュぶりであろう。

資房は、そんな風流にみちた様子を「惣じて過差いうべからず、狂乱を尽くすの代なり」と記している。先述のとおり、過差とは出過ぎた贅沢ぶりを意味するから、当時の貴族にとっては、一般民衆が主体になった祭に対して批判的な評価となったのであろう。『雲州消息』においても、そのありさまは「また金銀を鏤《ちりば》めて、衣裳《いしょう》を飾れり、錦繡《きんしゅう》を剪《き》って領 袖《りょうしゅう》を綴《つづ》れり、誠に一身の弊を推すに殆《ほとん》ど十家の産に及べり、甚だ無益の事なり」と、これまた驚嘆しつつも、苦々しげな感想を述べている。

しかし、資房自身は、そんな自分も含めた見物人の存在こそ、祭に風流を凝らそうとする担い手たちの原動力になっていたことに気づいていたであろうか。平安後期の稲荷祭も、都市で執り行われた祭ゆえに、不特定多数の見物人の視線が意識されて、次第に華やかな風流に彩られていったに相違あるまい。

三　現代の祭に生きる平安京の右京と左京

松尾と稲荷の共通点

さて、これまで松尾祭と稲荷祭を別々に説明してきたが、両祭に共通するいくつかのポイントに気づかれたであろうか。どちらも四月から五月にかけて行われる、七条住民の関与、それに葵と桂の粧《よそお》いといった点もあるが、より重要なのは、松尾は西寺（跡）、稲荷は東寺という、それぞれ平安京の右京と左京を代表するかつての官寺に神輿が渡御して神事が行われることにある（図6—3）。これは単なる偶然とは思われず、神事の共通性から、祭同士の密接な関連が指摘されている。(15)

先学の成果に導かれて、両祭の関係を考えるにあたっては、二つの神事がいつから始まったのかという点から見ていこう。

東寺神供行事

まず、稲荷祭における東寺神供行事は、かつては「中門御供」「中門作法」などと呼ばれ、神輿五基が東寺南大門から中門（現存しない）へ入り、金堂の前に据えられて行われたという。(16)その起源は、次に述べるような、弘法大師空海による稲荷神勧請説とあわせて説明されてきた。

弘仁七年（八一六）、紀伊国田辺（現和歌山県田辺市）で修行中の空海が異相の老翁と出会い、老翁は仏法の興隆に協力する約束をして別れた。七年後、空海が東寺を賜ると、その老翁が稲を背負い杉の葉をもち、二人の婦人と二人の子供を連れて東寺南門に現れた。空海は喜んで彼らを歓待し、一行はしばらく柴守《しばもり》長者宅に逗《とう》留《りゅう》した後、現在伏見稲荷のある地に鎮座した。この老翁たちが稲荷神だったのである（図6—5）。また、後に柴守長者宅が八条坊門猪熊の御旅所となり、稲荷祭が始まったという。稲荷社が東寺の鎮守であり、祭のときに「中門御供」が行われるのは、以上のような由緒によるとされている。

図6—5　『弘法大師行状絵詞』の東寺南大門における稲荷神と空海（左）（『続日本の絵巻』）

しかし、この伝説を伝える『弘法大師行状《ぎょうじょう》絵詞《えことば》』などの史料は、いずれも後世の鎌倉期以降に成立したものである。しかも実際には、第二章で述べたように、天長四年（八二七）正月、東寺建造のための樹木伐採に対して稲荷神の祟りがあり、当時の淳和天皇は同神に罪を深く詫びているのである。よって、空海による稲荷神勧請は史実とはいえない。

もちろん、稲荷社鎮座の時期はともかく、「中門御供」に限れば、天長四年の事件がきっかけになって、稲荷社と東寺が結びついた結果、始まったという見方もできる。しかし、この時点で両者は深刻な対立関係にあったのであり、それが氷解して親密になった時期は、もっと時代が下って、おおむね平安後期のころと見るのが穏当であろう。[17] 東寺に近い八条坊門猪熊の御旅所が確認されるのも仁安二年(一一六七)なので、[18]「中門御供」はこの少し前から始まったと思われる。

西寺(跡)神供行事

これに対して、松尾祭における西寺(跡)神供行事は、十八世紀江戸期にならないと記録が見出せず、[19] それ以前の実態はまったくわからない。ただ、次の嘉吉《かきつ》三年(一四四三)四月、松尾祭における喧嘩《けんか》の記録は、西寺神供が中世までさかのぼる傍証と見られる。

一昨日松尾国祭なり。東寺の西のあたりを神幸の時、駕輿丁・神人ら喧嘩におよび、数十人手負い、死人もこれ有り。神輿に或《ある》いは矢を射立てられ、或いは血気で穢れる。神輿すべて六基なり。六基ことごとく路次の田頭に奉り棄《す》てられると云々。言語道断のことなり。

（『康富記《やすとみき》』）

「東寺の西のあたり」といえば、西寺跡としか考えられない。西寺跡は、西七条御旅所から南へ約一キロメートルも離れており、わざわざそこまで神輿が渡御していたのは、当時も今と同じような神事を行っていたからであろう。西寺が廃絶した後で神供行事が始まったとは考えにくいので、その起源は西寺が機能していた平安後期まではさかのぼり、そして当神事が行われてきた理由は、（東寺と同じく）松尾社が西寺の鎮守であったためと推測される。[20]つまり、松尾祭と稲荷祭は、西寺と東寺での神事を介して、左右対称形をなしていたといえよう。

右京の松尾、左京の稲荷

次に、松尾・稲荷両社の氏子区域に目を転じると、おおむね千本通、つまりかつての平安京の中軸であった朱雀大路が両社の境界線になっていることがわかる（図6―3）。厳密にいうと、松原通（旧五条大路）からJR嵯峨野線丹波口《さがのたんばぐち》駅付近までは、旧中堂寺村にあたる稲荷氏子区域がやや西側に突出し、その南側もJR嵯峨野線や中央卸売市場の存在で判別しにくい部分があるが、八条通から九条通までは、千本通をはさんだ東西で氏子区域が分かれていることは、現地調査で確認済みである。すなわち松尾と稲荷は、現代の氏子区域でも、かつての右京と左京という平安京条坊制の地域区分をそのまま引き継ぎ、左右対称形をなしているのである。

さらに注目すべきは、平安後期、松尾祭と稲荷祭はセットで執行しなければいけないと信じられていたことである。

今日稲荷祭延引と云々、松尾祭延引によりて七条人ら事由を申して延引す、先々より松尾祭以前にこれを行えば天下静かならざるの由と云々。

（『山槐記《さんかいき》』）

これは、先に述べた仁安二年（一一六七）四月、御旅所に死人があって松尾祭が延引された後、稲荷祭も延引するように「七条人ら」が申し入れ、そのとおりになったという記録である。彼らはこの理由として、松尾より先に稲荷を行うと天下が不穏だとしている。「七条人ら」が西七条なのか左京の七条なのかわからないが、いずれにしても両祭を担う一般民衆の代表と思われ、彼らの主張からも、当時の両祭が密接に関連し、対のように考えられていたことはまちがいない。

結論として、平安京以前から鎮座していた土着の神といえる松尾・稲荷の両社は、平安後期にそれぞれが西寺・東寺と結びつき、対称形をなすように、七条を中心とする右京と左京の産土神になっていったのであろう。そのなごりが、とくに西寺跡と東寺における両祭の神事のなかに引き継がれていると考えられる。

都市としての右京は早くに衰退し、左京の市街地も長い年月を経る間に大きく変化した。それゆえ現代の私たちは、たとえ京都に住んでいたとしても、過去に造られた平安京における右京―左京という対称的な都市構造などまったく意識しない。しかし、神社の神々への信仰や祭のなかには、かつての平安京の都市構造が、今でもひっそりと、しかし脈々と生きつづけているのである。

四　残された松尾祭の謎

月読神社の唐櫃

歴史の古い松尾祭においては、他にも多くの興味深い行事や風習がある。本節では、実際に同祭を鑑賞するさいの参考ともなるよう、それらのなかからいくつかの謎を考えてみたい。

まず、松尾大社南にある境外摂社、月読神社の神霊を乗せた唐櫃の問題がある。月読の神霊は、文化《ぶんか》三年（一八〇六）のころでも「楯《たて》のごとき板に鏡を付て渡御あり」という状態であり（『諸国図会年中行事大成《しょこくずえねんちゅうぎょうじたいせい》』）、その由来は、先にも述べたとおり、神輿が洪水で桂川に流されたからだといわれている。

しかし、かつて月読の神輿が実在したという記録は、中世の諸史料にも見出せないように思われる。長享二年（一四八八）の『親長卿記《ちかながきょうき》』でも、嘉吉三年（一四四三）の『康富記』でも松尾祭の神輿は六基であるし、さらにさかのぼって、先にあげた元久元年（一二〇四）の古文書でも、神輿迎のために準備されたのは「六前御供」であった。これらが、そのまま現在の神輿と対応するかどうかは検討が必要だが、少なくとも六基を超える神輿があった可能性は低い。

そうなると、月読神霊の乗り物は、何らかの理由によって、最初から神輿が用いられなかったのではないかという推測が現実味をおびてくる。たとえば大和岩雄氏によれば、月読神社境内に「御船社」という小社があることから、月読唐櫃は船であり、祭神の月読命《つくよみのみこと》が船に乗って渡御するさまを象徴しているという。(21) 確かに月読神社は、顕宗《けんぞう》天皇三年（四八七）、現在の長崎県壱岐島《いきしま》の海人が祀っていた月読神を勧請して創祀され、(22) それが後に松尾社の傘下に入ったと考えられているので、(23) 同氏の説も仮説として一考に値するだろう。

朱雀御旅所の神事

関連して、七条通に面した朱雀御旅所とそこでの神事の由来も謎である。現在の同所は松尾総神社とも呼ばれ、還幸祭ではすべての神輿が揃《そろ》って神供行事が行われる。「御旅所」と名はついているが、神輿は立ち寄るだけで駐輦はしていない。一方で、独立した社殿があって月読神を祀っていることもあり、松尾大社では同所を末社と位置づけている。

十八世紀前半に著された『山州名跡志《さんしゅうめいせきし》』や『山城名跡巡行志《やましろめいせきじゅんこうし》』によれば、当時は七条通をはさんで南側に「月読社」、北側に「松尾明神御供所《ごくしょ》」があったので、後にそれらが南側の現在地に統合されたと考えられる。そして「松尾明神御供所」では、「祭礼の日、この地に神輿を並べ直し、棚を荘《かざ》りて神膳《しんぜん》を供えるなり」という実態があった。この神事が現在も引き継がれているのである。

残念ながら、西七条御旅所と比べて朱雀御旅所の記録は乏しく、詳しい歴史などを明らかにすることはできない。たとえば、なぜ「月読社」がここに鎮座しているのかという理由もはっきりしない。ただ、現時点では、かつての当地周辺において月読神に対する独自の信仰や祭があり、これらが、本社にあたる洛西の月読社が松尾社に吸収されたさいに、あわせて取り込まれたとする説が有力と思われる(24)。

しかし、仮にそうであったとしても、「松尾明神御供所」神供行事が行われる理由としては説得力に欠ける。月読だけでなく、すべての神輿が勢揃いする神事である以上、もっと強い、別の理由があったと見るべきではないだろうか。結局のところよくわからないのだが、かつての七条大路と朱雀大路が交差する辻《つじ》に隣接した朱雀御旅所の立地に着目すれば、おぼろげながらヒントが見えてくるように思われる。

七条朱雀の辻は、平安期のころには、平安京のなかでも特別な場所と考えられていた。たとえば、当地には外国使節を接待するために鴻臚館《こうろかん》という施設が設けられていたし、天皇が即位してはじめて行われる大嘗会《だいじょうえ》という儀式では、悠紀《ゆき》・主基《すき》という地方からの献上物の行列が、七条から朱雀大路を大内裏まで上るパレードがくりひろげられた(25)。また、貞観七年（八六五）

五月には、御霊会とも深く関連する「疫神祭」が行われたさい、七条朱雀の東西において『般《はん》若心経《にゃしんぎょう》』が読まれたという。(26) その後、右京の衰退ともあいまって、七条朱雀は都市の境界と認識されるようになり、十一〜十二世紀には、西国への流人が引き渡される場として設定されていた。(27)

もちろん、以上の記録と朱雀御旅所での神事とを単純に結びつけることはできない。ただ少なくとも、西寺跡での神事が、西寺のある程度機能していたころに始まるのと同じように、当該神事の由来も、七条朱雀が平安京のなかで特別な場所と意味づけられていた時代までさかのぼるのではないだろうか。特別な意味を有する場であったからこそ、それにふさわしい神事が成立したと考えられるのである。

榊御面

最後に、神輿渡御の先導役を務める「榊御面《さかきごめん》」にもふれておこう。榊御面とは、翁《おきな》と嫗《おうな》の面をつけた二本の榊をいい、神幸祭では本社、還幸祭では朱雀御旅所などにおいて、両者を手にもった人々が相対し、「おーおーおー」と叫びながら捧げ合わせる「面合わせ」行事が行われる。これが実施されないと神輿が出御できないきまりになっており、その後は神輿の巡幸列を先導する。また、それぞれの榊御面には稚児も随伴する。

翁の面を出すのが、桂川東岸の旧石原《いしはら》村と嶋《しま》村（現南区吉祥院石原《きっしょういんいしはら》および嶋《しま》）の人々であり、

図6—6　松尾祭・榊御面（翁）

普段の面は、石原側の松尾神社に保管されていて、それを松尾祭のときに嶋側が借り受けて出す（図6—6）。一方、媼面は松尾大社に保管されているが、祭のさいには旧吉祥院村の一部地域（現南区吉祥院中河原《なかがわら》・三ノ宮・新田《しんでん》）の人々が出す。ただし、媼面は錦の袋に入れられているので、実物は誰も見たことがない。

　この榊御面の記録は、永和《えいわ》二年（一三七六）の古文書に、「次ニ御輿を拝殿ニ東向ニ置奉て、御面・師子（獅子）なと舞て、次ニ神輿を出し奉りて」とある記述までさかのぼると思われる（『松尾大社文書』「松尾社年中神事次第」）。この様子からすると、当時は人が面をつけて舞っていたのかもしれない。[28]その後の記録もあるので、今まで連綿と伝承されてきたことは確かである。

　それにしても、榊御面、とくに翁面を出す石原や嶋は、松尾社氏子区域のなかで本社から最も遠く離れた地域である。神輿が渡御してくることもない。そのような地域の出し物が、どうして松尾祭のなかで重要な役割を占めるのであろうか。おそらく石原や嶋の人々は、理由として次のような由来を語ってくれるだろう。「もともと松尾の神様は、淀川と桂川をさかのぼってこられ、このあたりで一休みされて、その後今の松尾大社の地に鎮まった。だからゆかりの地としては、こちらのほうが古いのだ」と。

もちろん、本当のところはまったくわからない。ただ、松尾社と松尾祭の歴史から見えてくるのは、それらと桂川との深いつながりである。現代の船渡御から、かつての水運に従事していた「桂供御人」や「山崎津人」、さらには嵐山《あらしやま》渡月橋《とげつきょう》付近に秦氏が築いた取水堰《しゅすいぜき》とされる「葛野大堰《かどのおおい》」(『本朝月令』)まで、桂川の流れが松尾神への信仰と密接に結びついていることはまちがいないだろう。このような見方から、松尾祭をあらためて考え直す必要があるのかもしれない。

五　藤森神社と藤森祭

稲荷と藤森の氏子区域

ところで、伏見稲荷とその氏子区域の歴史を考えるうえでも、避けてとおれない大きな謎がある。それは、同社の約二キロメートル南、現伏見区深草鳥居崎町《ふかくさとりいさきちょう》に鎮座する藤森《ふじのもり》神社(藤森社)との関係である。なぜならば、伏見稲荷の氏子区域は本社から離れた地域に成立しており、これに対して伏見稲荷大社の周辺は、なぜか藤森神社の氏子区域だからである(図1―1)。

氏神（産土神）は地域の守り神なのだから、氏子区域のなかに当該神社があるのが通常であり、京都の他の主要神社でも、鎮座地はそれぞれの氏子区域に含まれている。にもかかわらず、稲荷だけが例外であるのはいったいなぜであろうか。しかも、藤森神社の場合、五月五日に行われる藤森祭（深草祭）には、神輿がわざわざ伏見稲荷境内にまで渡御して神事を行うという、不思議な実態さえあるのである（図6―7）。

図6―7　伏見稲荷境内の藤森神輿

伏見稲荷周辺が藤森の氏子区域であることは、そこに住む人々にとっても合点のいかぬことであったらしく、やがてこんな伝説が生まれたようだ。

ある日、弘法大師が藤森の社に、「稲荷の神を祀るので、土地を貸して欲しい」とやって来た。藤森では、「まあ藁《わら》一束分位ならいいでしょう」と応《こた》えた。すると大師は、藁一束をほどいて、一本一本を繋《つな》いで、稲荷の山と里を全部囲んでしまった。それから大師は、「期限は十年」と書かれた証文に向かって、「エイッ」と言った。すると証文の文字は、「千年」になっていた。点が一つ、知らぬ間に増えた訳である。

（梅原一九九七）

今では、稲荷周辺に住む誰もが、右のような話を語ってくれるだろう。だが、はたして伝説はどこまで真実を伝えているのだろうか。

藤森社の祭神

この問題を考えるにあたっては、まず現在の藤森神社主祭神から見ていこう。藤森神社の本殿は三座に分かれ、中座の祭神は素戔嗚命・神功《じんぐう》皇后など七神、東座は天武天皇・舎人《とねり》親王、西座は早良《さわら》親王・伊予《いよ》親王・井上《いのうえ》内親王となっている。これらの神々は各座ごとに、三韓征伐を行ったとされる神功皇后伝説にまつわる神、周辺地域一帯の「地主神」と考えられてきた舎人親王（後述）にまつわる神、それに御霊神とに分類されるが、それぞれのグループ間に関連は見出せず、全体像がつかみきれない複雑な体系になっている。

また、藤森社が創祀された由緒にも諸説あるので、現時点では、藤森神社とはこのあたりで古くから祀られていた複数の異なる神社が、中世になって合祀《ごうし》されて成立したとしかいえないであろう。(29)

しかし、そのような神社（の一つ）が、かつて稲荷社境内に鎮座していたことは確かなようだ。たとえば、戦国期に著された『稲荷大明神縁起《いなりだいみょうじんえんぎ》』や『藤森社縁起』によれば、弘仁年間（八一〇〜八二四）のころ、空海が稲荷神を稲荷山に勧請したさいに、もともとそこにあった藤森社を現在地へ遷座したとされている。また一説には、永享十年（一四三八）、稲荷の上中下各社が山中から麓に遷されたおりに、藤森社もあわせて遷されたという。(30)

前者の説は、くりかえし述べてきたように史実とはいえないし、後者も時代がいささか新しすぎる感が強い。しかし、藤森社の前身の神社が稲荷山の麓にあり、それが稲荷社の鎮座にともなって今の地に遷ってきたという主張は共通する。

かつての藤森社の跡とされているのが、稲荷境内の表参道傍らにある小社、藤尾《ふじのお》社である。藤尾社は、藤森の祭神でもある舎人親王を祀り、その陵墓とも伝えられていた。(31)

舎人親王とは、七世紀から八世紀にかけての実在の人物であり、『日本書紀』の編纂責任者としても知られているが、なぜ同親王が藤森社の祭神とされたのであろうか。ヒントとなりそうなのは、十七世紀後半に著された『雍州府志《ようしゅうふし》』「藤杜社」の項において、舎人親王が「地主神」（産土神の意味か）とされている記述と思われる。

なぜならば、文亀《ぶんき》二年（一五〇二）に書写された『比良山古人霊託《ひらさんこじんれいたく》』という史料の注には、「崇道《すどう》」という名をもった神が「法性寺《ほっしょうじ》」（現東山区本町《ほんまち》十五丁目の東福寺《とうふくじ》付近にあった藤原氏九条家の氏寺）あたり（伏見稲荷北側一帯の地域）の「地主」神であったと記されているからである。「崇道」とは、舎人親王の贈り名である「崇道尽敬皇帝《じんぎょうこうてい》」と解釈できるので、同親王が古来当地で祀られ、それが藤森神社の前身であった可能性は高い。

藤森祭とその歴史

次に藤森祭に目を転じてみよう。現在の藤森祭は、毎年五月五日、武者行列を従えて氏子区域を巡る三基の神輿渡御や、境内馬場での駈馬神事《かけうましんじ》などが行われている。とくに駈馬神事は、きわめて難度の高い曲芸的な技を披露する行事として名高い。

しかし、ここで注目したいのは、先に述べたように、同祭において神輿が稲荷境内に渡御し、藤尾社の前に据えられて神事が執り行われる点である。つまり、旧社地とされる藤尾社は、神輿が巡幸する目的地の一つなのであり、藤尾社の重要性がわかる。しかも、かつて藤森神輿の舁手たちは、稲荷境内に入ると「土地返せ、土地返せ」と連呼していたといい(32)、稲荷と藤森の間で何らかのトラブルがあったことも暗示している。

以上述べてきた内容から、時代の特定はむずかしいものの、かつて藤森社の前身が稲荷社の土地にあり、それがいつしか現在地に遷ったという言い伝えは、史実として十分認められるであろう。稲荷と藤森の氏子区域の問題も、真相はわからないが、両社の鎮座地変動が背景にあったことはまちがいあるまい。

ところで、藤森祭の発祥は、貞観年間(八五九〜八七七)のころ、清和《せいわ》天皇の勅命によるとも伝えられるが、史料上の記録では、鎌倉末期の十四世紀前半までしかさかのぼれない。(33) しかし、そのころから武者行列が有名であったらしく、応永《おうえい》八年（一四〇一）五月の祭には、甲冑《かっちゅう》の騎馬武者と思われる「深草人百三十騎」が「北御所」に参入したという（『康富記』）。

一方、稲荷社境内への藤森神輿渡御の確実な記録は、十七世紀後半にならないと見出せない。ただ、寛正三年（一四六二）の祭の記録には、「申《さる》の剋《こく》、神輿三社渡り給《たま》う、後に聞く、稲荷前にて振り捨て奉る、引チニヨリテなり」とある（『経覚私要鈔《きょうがくしようしょう》』）。「引チ」とは印地《いんじ》打ち、すなわち二組に分かれて飛礫《つぶて》を投げ合い、合戦をまねて勝負を競う年中行事であり、昔から五月五日、菖蒲《しょうぶ》節句の習慣であった。おそらくこの日も普通に行われていたものが、いつしか興奮していさかいとなり、ついには舁手が神輿を投げ捨てて退散してしまったのであろう。そして、神輿が捨て置かれた場所が「稲荷前」であった。

たまたま当年の印地打ちが行われたのが「稲荷前」であったのか、あるいは毎年必ずそこで印地打ちを実施することに意味があったのか、今ではまったくわからない。が、ともかく藤森神輿が稲荷門前に巡幸していたことは確かである。したがって、すでにこの時点で神輿は稲荷の境内にまで渡御し、現在と同じような神事が執り行われていたと見てもさしつかえないのではないだろうか。

いずれにしても、藤森祭のあり方には、深い歴史の謎が秘められているようである。

第七章　平安後期から鎌倉期の祭——祇園祭の神輿渡御と今宮祭を中心に

一　御霊会と都市祭礼の風流

御霊会の特徴

本章からは、御霊・天王信仰に基づいて創祀された五つの神社（八坂〔祇園〕・北野・上下御霊・今宮）の祭を中心に、時代を追って京都の祭礼がどのように移り変わっていったのかを考えてみたい。そのなかで各祭固有の特徴や魅力なども見えてくるだろう。

御霊・天王神系神社の祭の多くは、かつて疫病対策として実施されていた御霊会が毎年恒例の行事となり、さらに御旅所祭祀などの形式も整えて成立していったと考えられる。そこで、まず御霊会がその後の祭にいかなる影響を与えたのかを見るため、御霊会のなかではどのようなことが行われていたのか、具体的な内容を以下に紹介したい。

神泉苑において御霊会を修す（中略）霊座六前に几筵《きえん》を設け施し、花果《かか》を盛り陳《つら》ね、恭しく敬いて薫修す。律師慧達《えだつ》を延べて講師となし、『金光明経《こんこうみょうきょう》』一部・『般若心経』六巻を演説す。雅楽寮の伶人《れいじん》に命じて楽を作《な》し、帝《みかど》に近く侍る児童および良家の稚子をもって舞人《はべ》となす。大唐・高麗《こま》さらに出て舞い、雑伎《ざつぎ》・散楽《さるがく》、競いてその能を尽くす。この日宣旨して苑の四門を開き、都邑《とゆう》の人の出入し、縦《ほしいまま》に観《み》ることを聴《ゆる》す。いわゆる御霊は崇道天皇・伊予親王・藤原夫人および観察使・橘逸勢《はやなり》・文室宮田麻呂《ふんやのみやたまろ》らこれなり、並びて事に坐し誅《ちゅう》せられ、寃《うら》む魂、癘《えやみ》をなす。近代以来、疫病しばしば発《おこ》り、死亡するもの甚だ衆《おお》し。天下もってこの災をなすは、御霊の生ぜしむるところなり。京畿より始め、ここに外国におよぶ。夏天秋節《かてんしゅうせつ》に至るごとに御霊会を修すること、往々《おうおう》にして断えず。（以下略）

（『日本三代実録』）

（現代語訳　神泉苑において御霊会を行う（中略）六座の御霊の前に花や果物をうやうやしく盛りつけて飾り、高僧の慧達が『金光明経』や『般若心経』を講説した。雅楽寮の伶人に音楽を奏させて、帝近侍の児童や良家の稚子が舞人となって大唐・高麗（大陸から輸入された音楽や舞）を舞い、さらに雑伎・散楽（曲芸や寸劇風の芝居）が芸能を競った。この日宣旨を下して苑の四方の門を開き、人々が出入りしたり見物したりすることを許した。いわゆる御霊とは、崇道天皇

〔早良親王〕・伊予親王・藤原夫人〔吉子《きっし》〕・観察使〔藤原仲成《なかなり》か〕・橘逸勢・文室宮田麻呂である。彼らは事件に巻き込まれて横死し、その恨む魂が祟りをなしている。近年では疫病が頻発して死亡者がたいへん多い。この災いは御霊のなすところであって、京畿より諸国にまでおよび、それゆえ夏天秋節ごとに御霊会を行っている）

疫神のために御霊会を修す。木工寮《もく》・修理職《しゅりしき》、神輿二基を造りて、北野船岡の上に安置し、僧を屈して『仁王経』の講説を行わせしむ。城中の人、伶人を招きて、音楽を奏す。都人士女、幣帛を賷持《せいじ》すること、幾千万人を知らず。礼し了《おわ》りて難波《なにわ》海に送る。此《こ》れ朝議にあらず、巷説《こうせつ》より起こる。

（『日本紀略』）

（現代語訳　疫神のために御霊会を行った。木工寮・修理職が神輿二基を造って、北野の船岡山上に安置し、僧が『仁王経』を講説した。京中の人々が伶人を呼んで音楽を奏し、都の男女、幾千万人とも知れない人々が幣帛をもって祭った。その後に神輿を難波海に送り出した。これはもともと朝廷の儀式ではなく、民間より起こった行事である）

前者は、御霊会がはじめて史料に登場する貞観五年（八六三）五月の神泉苑御霊会、後者は、今宮祭の創始とも見られる正暦五年（九九四）六月の船岡山御霊会である。

これらに共通している内容とは、第一に仏典を講説するなど、仏教的な色彩が濃いということである。疫病などの原因とされた怨霊や疫神を、当時の最新思想ともいえる仏教の法力で供養しようというのが、当初の御霊会の主旨であったといえよう。

しかし、それだけで十分とは思われなかったようだ。そこで第二に、御霊会の場においては、美しい花や果物を飾り、心地よい音楽を奏で、楽しい舞や寸劇を演じることによって、きわめて華麗で賑やかで娯楽にみちた雰囲気が醸し出されている点も指摘できる。おそらくこの理由は、疫病などの災厄は、当時の人々にとって人知・人力のおよぶところではないと考えられたためであろう。すなわち、恐ろしい怨霊や疫神に対して物理的な力で対抗することは不可能であり、むしろ歌舞音曲や芸能、飾りなどによって楽しませ、いい気持ちにさせて慰撫するという発想で行われたに相違あるまい。御霊会という行事は、華やかで楽しくなければならなかったのである。

そして、怨霊や疫神がいい気持ちになったところで、最後はよそへ出て行ってもらう（鎮送ないし遷却《せんきゃく》）というのが、御霊会の肝要な部分である。神泉苑の記録ではこの部分が記されていないが、船岡山では神輿を造り、疫神を乗せて「難波海」（大阪湾）に送ったとある。十世紀ごろまでの神輿は、疫神遷却に用いられることもあったのである。おそらく実際に大阪湾まで行ったのではなく、淀川に通ずる鴨川か桂川のほとりで神輿を流したのではないかと思われるが、その背景には、水の浄化力に期待する部分もあったのであろう。

御霊会と風流

以上のような特徴をもった御霊会を基盤にして、御霊・天王神系の神社、そしてそれらの祭が生まれてくるわけであるが、とくに後世の祭に影響をおよぼしたと思われる要素が、第二にあげた、怨霊や疫神を慰撫するためには華やかで楽しくなければならないという性格である。なぜならば、この特徴は、平安後期における主要な祭を彩った風流との密接な関係が推測されるからである。

先に第五章で、当時の風流については、祭が都市で行われたがゆえに、不特定多数の見物人の視線を意識して育まれたという理由を述べたが、実はそれだけでなく、都市生活に必要不可欠であった御霊会の性格も大きく作用したと考えられる。つまり、御霊会を華麗で賑やかなものにしなければ、疫病などをひきおこす怨霊や疫神を慰撫することはできなかった。そのような起源をもつがゆえに、平安後期以降の御霊会系の祭には、とくに念入りにきらびやかで工夫にみちた風流が凝らされた可能性が指摘できるのである。

ちなみに御霊会は、直接怨霊や疫神と関係のない祭にも影響を与えていたらしい。たとえば、寛治八年（一〇九四）の稲荷祭は「稲荷御霊会」とも呼ばれていた。[1] 御霊会という行事の祭礼文化への影響は、想像以上に大きかったといえよう。

二　祇園会における神輿渡御の歴史

祇園祭のあらまし

それでは具体的に、御霊会系の祭の歴史や実態を見ていこう。最初は、それらのなかでも代表的な祭礼といえる、八坂神社（祇園社）の祇園祭（祇園会《ぎおんえ》）をとりあげたい。ただ、中世以前の祇園祭はもっぱら「祇園御霊会」または「祇園会」と呼ばれていたため、本書でも時代に応じて祭の呼称を使い分ける。

さて京都の夏、七月が祇園祭の季節である。一日の吉符入《きっぷいり》（各山鉾町において祭の無事を祈願する「神事始」の儀式）から始まって、三十一日の境内摂社、疫神社社前での夏越《なごし》祭まで、一ヵ月にわたってさまざまな行事があるが、根幹となる行事は十七日と二十四日に執り行われる。すなわち、前者では三基の神輿が出御する神幸祭と二三基の山鉾巡行「前祭《さきまつり》」などが、後者では還幸祭と一〇基の山鉾巡行「後祭《あとまつり》」、花傘巡行などが実施されている。ただし、近世江戸期以前では、それぞれの祭は旧暦六月七日と十四日が式日であった。

そして祇園祭の最大の特徴は、神輿渡御と山鉾巡行という二つの大規模な祭礼行列が、それぞれ独立して執り行われることにある。これは、神輿渡御を中心としている他の京都の祭に比べて大きく異なる点であり、あまり類例がない。それだけ複雑な祭であるので、できるだけていねいに歴史を追ってみよう。

神輿渡御の歴史

祇園祭の起源については諸説あるものの、今のところ、十世紀後半の天禄《てんろく》元年[2]（九七〇）あるいは天延二年[3]（九七四）に始まったとする説が有力である。ただ、これは六月十四日の祭に限っての話であり、七日の神輿迎や御旅所祭祀が定着するのは、その後の十一世紀後半のころと考えられている。[4]なお、同祭の発祥を、貞観十一年（八六九）、疫病が流行したため神泉苑に六六本の鉾《ほこ》を立て、神輿を送ったことに始まるという説もあるが[5]、この説は近世以降の創作であろう。[6]

本章でまずとりあげるのは、平安後期から鎌倉期にかけての、初期祇園会の実態である。もちろん、この時代には山鉾は登場していない。祭礼行列も神輿渡御が中心である。したがって、最初は、当時から現代に至るまで、一貫して祇園祭の根本をなしている神輿渡御の様相を明らかにし、その後で神輿に付随して生まれてくる、風流にみちた出し物（渡物）を考えていきたい。

さて、現在の八坂神社御旅所は下京区四条通寺町東入ル貞安前之町《ていあんまえのちょう》にある四条御旅所だが、これは、豊臣秀吉の都市改造にともなって天正十九年（一五九一）に移転させられたものであり、それ以前は現下京区烏丸通仏光寺《ぶっこうじ》下ル大政所町《おおまんどころちょう》の大政所御旅所と、現中京区車屋町《くるまやちょう》通夷川上ル少将井御旅町《どおりえびすがわしょうしょういおたびちょう》の少将井御旅所との二ヵ所にあった。このうち大政所御旅所にまつわる伝承が面白いので、以下に紹介しておこう。

「天延二年、祇園の神が洛中の助正なる人物の居宅に神幸するという神託があった。すると祇園社から蜘蛛《くも》が糸を引いていたので、怪しんでたどっていくと助正宅にたどりついた。そこで助正を神主とし、その居宅を御旅所にしたという。これが祇園祭礼の始まりである」(『祇園社記』)。今でも同御旅所の跡には小さな祠が建っており、還幸祭のときには神輿が立ち寄って神事が行われる。なお、少将井御旅所にあった祠は、上京区京都御苑《ぎょえん》内の宗像神社境内に遷されている。

これらの御旅所を巡る神輿渡御に関しては、さいわい中世以前のルートが判明している。なぜならば、明応《めいおう》九年(一五〇〇)、応仁の乱で中断していた祇園会を復興させる目的で、室町幕府の役人が乱前後の祭の状況を調査した記録(7)が残っているためであり、この史料のおかげで当時の様子がよくわかるのである。同史料の伝える神輿巡幸路は、以下のようなものであった。

祇園御祭礼の御道つたえの事
大政所の御通りは、四条を西へ烏丸まで、それを南へ御旅所まで、還幸の御時は、五条を西、大宮まで、それを上へ三条まで
少将井、同じく四条を東洞院《ひがしのとういん》まで、それを上へ冷泉《れいぜい》まで、御旅所あり、還幸の御時、二

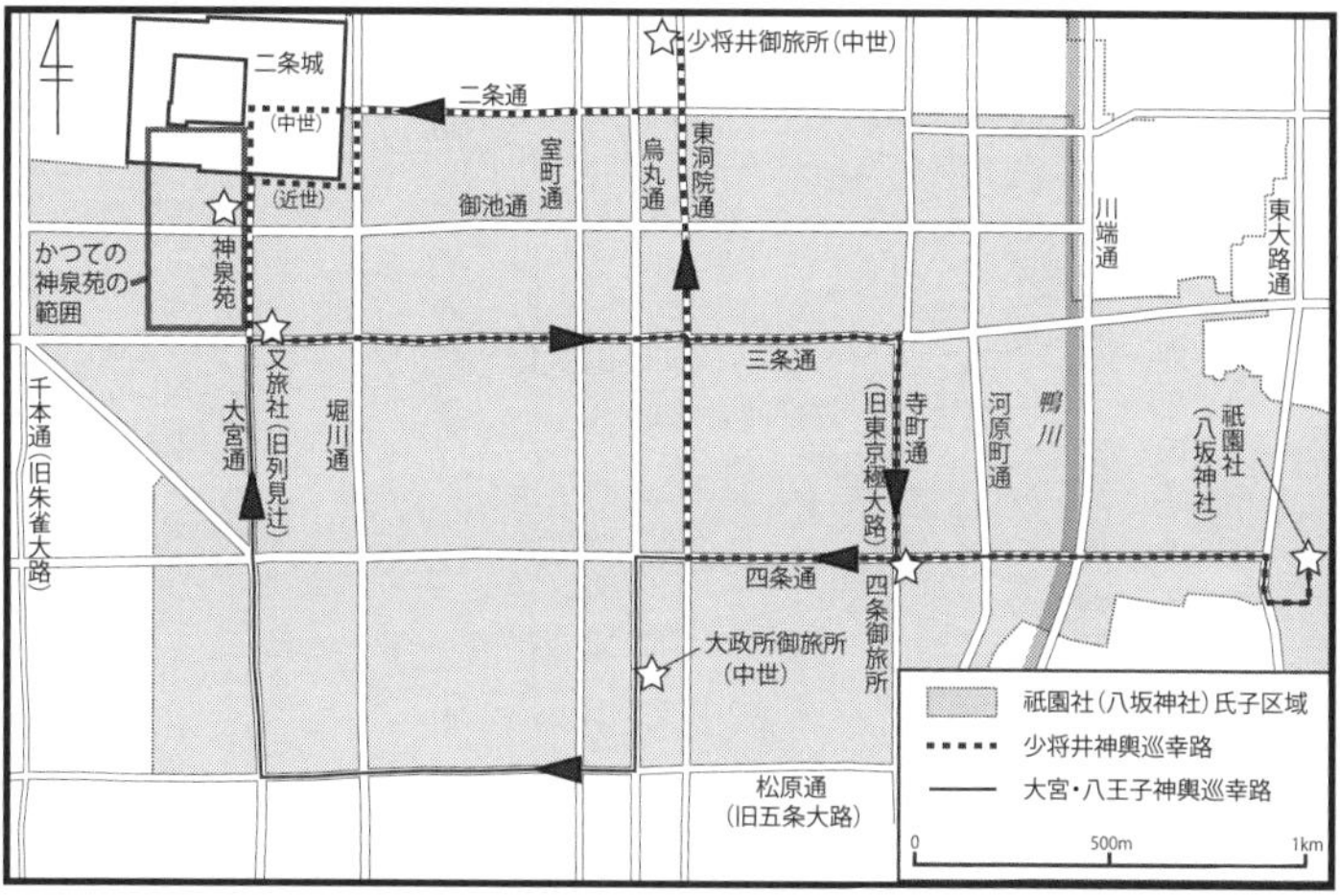

図7―1　祇園祭神輿渡御関係図（中近世まで）

条西へ大宮まで、それを三条まで

その他の史料もあわせて中世神輿渡御の様子を復元すると、神幸祭では、祇園社を出御した三基の神輿が四条大路（四条通）を西へ進み、途中で南北二手に分かれる。大政所御旅所には「大宮」（祭神は牛頭天王）、「八王子」（八王子）と呼ばれる二基の神輿が、少将井御旅所には「少将井」（婆利采女）と呼ばれる神輿一基が渡御して駐輦する。ついで還幸祭では、それぞれが五条大路（松原通）と二条大路（二条通）を西へ進んで三条大宮で合流し、その後は三条大路（三条通）を東へ向かって本社に還御した（図7―1）。

祇園社の氏子区域と神輿巡幸路の地図を見ると、いくつか興味深い点が明らかになる。まず、祇園社の氏子区域は、鴨川の西側ではいわゆる下京といわれる地域であり、その境界線は北が二条大路、南が五条大路である。ところが、冷泉小路（夷川通）に接する少将井御旅所は、なぜか北の境界をはみ出して下御霊社氏子区域内にあった。どうしてこのようにねじれた状態が成立したのか、今となってはまったくわからない。

しかし、氏子区域の前身である「祭礼敷地」が先に確定していたとすれば、その後で別の神社の御旅所が設置されるはずはない。少将井御旅所の成立時期は不明だが、永久《えいきゅう》五年（一一一七）正月には存在が確認されるので、(8) 十一世紀末には成立していたと思われる。したがって、祇園と下御霊の間で「祭礼敷地」が確定したのは、それよりも後の十二世紀以降であろう。

また、三基の神輿が一緒に巡幸するのは四条大路と三条大路のみであり、このうち、還幸祭において各神輿が合流する三条大宮は「列見辻《れっけんのつじ》」と呼ばれ、祭礼行列を点検するための重要なポイントであったと考えられている。(9) ここでは、現代の山鉾巡行における「鬮改《くじあらため》」（あらかじめ鬮で決められた順番が正しいかどうかの点検）のような儀式が執り行われていたのかもしれない。平安後期には、「列見辻」から東へ向かう三条大路の沿道に貴族らの桟敷が設けられ、神輿渡御を見物する名所であった。

また、以上述べてきた神輿の巡幸路がいつから成立したかであるが、おそらく康和《こうわ》五年（一一〇三）までさかのぼろう。(10) なぜならば、この年に「列見辻」が堀川小路（堀川通）から、より西側の三条大宮に変更されているからである。(11) そして、中世における神輿渡御ルートは、御

旅所が移転させられた後、近世江戸期に至ってもおおむね引き継がれていた。(12)

現代の神輿渡御

図7―2　又旅社とオハケ立て芝生（右下）

現代の祇園祭における神輿渡御は、神幸祭・還幸祭とも山鉾巡行を受けて夕方から行われる。その巡幸路は、かつてに比べて変化した部分も多い。とくに神幸祭では、四条通寺町の御旅所より東側の祇園町などをくまなく巡ってから同所に着御する点が、近世以前との相違点として特筆されよう。

しかし、平安後期以来、本質的に変わっていない部分も残っている。たとえば「又旅社《またたび》」（御供《ごくう》社、中京区三条通大宮東入ル御供町《おんともちょう》）と呼ばれる小社の存在である。現在の又旅社は八坂神社の境外末社とされ、商店街のなかに建っているが、明らかにかつての「列見辻」を継承している。その証拠に、還幸祭においては、神輿三基が（別々にではあるが）又旅社に渡御してきて神事が行われる。その後、各神輿とも三条通をまっすぐ東に進んで還御する点も、長い伝統を引き継いだものといえよう。

ちなみに還幸祭の前日、七月二十三日には、又旅社において「オハケ立て」という一風変わった神事も執り行われている。これは、四隅に斎竹《いみだけ》を配した芝生の上に、神の依り代として三本の御幣を立てるもので、緑の芝生は、又旅社がかつて広大であった神泉苑の池の水辺にあったことの象徴とされている[13]（図7―2）。

ところが、発掘調査などで判明している中世までの神泉苑の領域には、又旅社の場所が含まれていないため、この由緒はそのまま信用できない。筆者は、中世以前の神泉苑で実施されていた何らかの行事が、近世になって祇園祭に取り込まれ、近傍の又旅社で行われるようになったのではないかと推測するが、確証はない。いずれにしても他にあまり例のない神事であるので、ぜひ一見をおすすめしたい。

三　山鉾以前の祇園会における渡物

初期祇園会の渡物

次に、平安後期から鎌倉期にかけての祇園会、さらにはその他の京都の祭礼行列においては、神輿に付随していかなる出し物（渡物）が出されていたか、それらは現代とどのように異なっていたのかを考えていこう。

ただし、とくに多くの渡物が出された祇園会では、これらが主催者である神社側で準備されたものなのか、あるいは氏子など信仰者集団側が自主的に調進・奉納したものなのかを区別して考える必要がある。[14] なぜならば、前者はおおむね神輿に供奉し、時代による変化も少ないが、後者は比較的自由な動きをするだけでなく、時代によって主体となる集団や渡物が大きく変動するためである。なお、「信仰者集団」とは、小地域ごとに氏子区域・意識が確立した十五世紀の後半以降では氏子そのものと考えてよいが、それ以前は、以下に述べるように、より多様な人々が想定されるだろう。

さて初期の祇園会における祭礼行列の具体的な様子は、次のようなものであった。まず長《ちょう》保《ほう》元年（九九九）六月、「無骨」という「雑芸者」が、祇園会における見世物として大嘗会の標山《しめやま》に似せた「柱」（原文は「村」だが誤字であろう）を作り、祇園社まで渡そうとしたため、藤原道長が驚いて停止させ、「無骨」の追捕《ついぶ》を命じたところ、祇園神が大いに怒ってさまざまな怪異が起きたという（『本朝世紀』）。

ついで長和《ちょうわ》二年（一〇一三）六月、祇園会の「御輿」の後に「散楽空車《むなぐるま》」が出されたため、再び道長が中止させようとしてトラブルになった。見物人らは、これは神の咎《とが》めがあるに違いないと噂しあったところ、氷雨が降り、雷電が鳴りつづけたという（『小右記』）。

標山とは、大嘗会において供物などを乗せ、飾り立てて運ぶ山車のようなものであった。これに対して「散楽空車」とは、その上で芸能を演じる、屋根のない車舞台と推定される。したがって、いずれも風流を凝らした渡物であったらしいが、それらが停止された後に神の怒りとして生じた怪異は、もちろん、華やかな渡物が祭に出されることを望んだ、当時の一般民衆の心情を反映したものであったろう。

ちなみに道長自身は、祇園社に神馬を奉納したり、参詣したりするなど、祇園社に対して格別な信仰をもっていたのだが、祇園会の渡物に対して強圧的な態度をとったのは、為政者として大嘗会の権威を保持するとともに、祭の過熱を懸念したためと思われる。ただ一方で、おそらく「柱」や「散楽空車」とは、一般民衆が主体となって、しかも勝手に出された渡物であったがゆえに、それらを軽んじていたことも確かであろう。

花形の馬長

しかし、これより少し後の十一世紀なかば以降になると、天皇や院、貴族らが、風流にみちた渡物を祇園会に調進・奉納する記録が目立つようになる。そのなかでも花形とみなされていたのが、馬長（馬長童）である。先に第六章の稲荷祭でも述べたとおり、馬長とは「造花などで美しく飾り立てた衣装を着し、化粧をした稚児が、鳥の羽根のついた編藺笠《いがさ》をかむり、馬に乗るという行列風流[15]」であり、貴族らに仕える「小舎人」「牛飼童」といった小者が起用された。十二世紀後半の『年中行事絵巻』では、巻十二に描かれた馬長の姿が、祇園会の出し物であったと見られる（図7―3）。なお、名前が似ているのでまぎらわしいが、馬長と馬上役とは別のものである。

馬長は、『枕草子』能因本《のういんぼん》「ここちよげなるもの」のなかにも「御霊会の馬の長」とあるように（ただし、清少《せいしょう》納言《なごん》の自筆ではなく、後世の加筆部分と考えられている）、当時の祭のなかで

図7―3　12世紀祇園会と現代若宮おん祭　上から田楽、細男、巫女、馬長。左が『年中行事絵巻』の祇園会（『日本絵巻大成8』所収）、右が春日若宮おん祭

最も人気のある渡物であった。たとえば天治《てんじ》元年（一一二四）六月の祇園会では、「内（崇徳《すとく》天皇）・院（白河《しらかわ》法皇）・新院（鳥羽《とば》上皇）」の各殿上人の奉納する馬長が七〇余人におよんだという（『永昌記《えいしょうき》』）。

興味深いことに、それまで祇園会における馬長は神輿の後につき従っていたが、この年から神輿の前を進むようになった。そのはっきりとした理由は不明だが、おそらく白河法皇の意向で、馬長を神輿渡御から独立させたものと見られる。なぜならば、神輿の動きにあわせて遅れがちだった馬長は、順番組み替えによって自由な行動が可能になり、その後神輿とは別に院御所などに見参する記録が増えていくからである(16)。

そしてこれは、祇園会という祭の特徴を示唆する象徴的な出来事であったように思われる。平安後期以降の祇園会は、現在まで一貫して、京都という都市における最も盛大で華やかで人気のある祭であった。それゆえ、とくに信仰者集団側が調進・奉納する祭礼行列の渡物も、ひときわ風流を凝らされたものとなる。そのような渡物が神輿をしのいで注目を集めるのは自明の理であり、やがては馬長などを（神輿と関係なく）単独で披露したい、見物したいと思うのが人情であろう。神輿と馬長との分離は、以上のような社会心理が作用した結果、実現したと推測されるのである。したがって、天治元年の祇園会再編は、後世になって神輿渡御と山鉾巡行とが独立して行われるという、他の祭にはない祇園祭の特徴の萌芽《ほうが》とも考えられよう。

平安後期から鎌倉期にかけては、祇園会のほかにも、先に紹介した稲荷祭をはじめ、北野祭・今宮祭でも馬長が調進・奉納されていた。[17] これらからも馬長の人気ぶりが想像できる。

ただ、当時の馬長のありさまを伝える史料は、どれも貴族層によって記述されたものである。彼らが「十家の産」（『雲州消息』）を費やすほどの力をこめて、自分たちの奉納した渡物を中心に祭の様子を描くのは当然であるが、その一方で、「柱」や「散楽空車」のような独自の渡物を調進したり、御旅所祭祀を担っていたりしたはずの一般民衆の動向が見えにくくなっている点にも注意が必要であろう。

神社側の渡物

また、当時の祇園会には、信仰者集団側が奉納する馬長などとは別に、祭の主催者としての祇園社が準備した渡物もあった。[18] その様子は、『年中行事絵巻』巻九において、三基の神輿を中心に田楽・大御幣・巫女・王の舞・獅子舞・鉾・細男《せいのお》などで構成された祭礼行列として描かれており（図7―3）、かつては実にさまざまな渡物があったことがわかる。祭を見物する多くの人々の姿とあわせて、平安後期の祇園会の華やかさと賑やかさが実感できる、楽しい絵画史料である。

なお、これらの渡物の最後に描かれている、路傍の仮設幄舎《あくしゃ》を片付ける様子は、三条大宮における「列見辻」と考えられている。[19] したがって、『年中行事絵巻』巻九の祭礼行列は、三条大路を西から東へ向かう還幸祭の光景と推定されよう。

神輿を中心に、馬長など風流を凝らした多くの渡物が都大路を練り歩く祇園会——それはまさに平安後期における都市祭礼文化の爛熟《らんじゅく》といえた。当時の公卿、藤原宗忠《むねただ》は、大治《だいじ》二年（一一二七）におけるそんな祇園会の様子を、「およそ天下の過差、勝計《しょうけい》すべからず、金銀錦繡《きんしゅう》の風流美麗、記し尽くすべからず」と評している（『中右記』）。

消えた馬長

ところが、である。そこまで華やかに目立つ存在であった馬長にしても、その他の田楽をはじめとする渡物にしても、なぜか現在の祇園祭にはまったく残っていないのである（ただし、七月二十四日に行われる花傘巡行では、近年復興された馬長などが練り歩く）。

祇園祭だけではない。当時の稲荷祭・北野祭・今宮祭なども同じような祭礼行列の構成をとっていたが、現代のこれらの祭にも馬長などの渡物は一切伝承されていないのである。これはいったいどういうことなのであろうか。

一番の花形であった祇園会の馬長を例にとってみると、おおむね十二世紀なかばのころがピークであった。その後も奉納は続いていたが、南北朝期の観応《かんのう》二年（一三五二）六月、「馬長又年々の如し」（『園太暦《えんたいりゃく》』）とある記録を最後に、十五世紀の初頭には途絶えたらしい。(20)ちなみに北野祭における馬長も、暦応《りゃくおう》二年（一三三九）八月の記録が最後である。(21)

どうして馬長など平安後期に流行していた渡物は滅びてしまったのであろうか。そして、馬長の後に、新たに京都の祭の花形となった出し物はいったい何であったのか。しかし、ここでは結論を急がず、ひとまず少し寄り道をして、当時から続く、京都以外の地方の祭にも目を向けてみることにしよう。

四　地方の祭に残るかつての面影――奈良春日若宮おん祭など

春日若宮おん祭

平安後期から鎌倉期にかけての祭の主要な出し物（渡物）が今の京都にないとすれば、それはもうどこにも残っていないのであろうか。そんなことはない。京都における祭礼の形式や内容は、長い間にさまざまな事情から日本の各地に伝播していった。したがって、地方の祭にこそ、かつての京都にあった出し物が何百年もの歳月を経て伝承され、当時の面影を現在に残しているのである。本節では、そういった事例として、奈良市の春日若宮《わかみや》おん祭を中心に、いくつかの祭をとりあげて紹介しよう。

春日大社の摂社、若宮神社の祭礼である春日若宮おん祭（以下、「おん祭」と略記する）は、保延《ほうえん》二年（一一三六）九月、時の関白、藤原忠通《ただみち》によって創始されたという[22]。おん祭は奈良市内で最大の祭といえるが、その歴史は、京都の主要祭礼に比べて意外に新しい。そのかわり、十二世紀の祭礼の様子を、ほぼ当時とかわりなく今に伝えているという点で、きわめて貴重な

存在である。(23)

現代のおん祭は、毎年十二月十七日に中心的な行事が執り行われている。当日は午前〇時より「遷幸《せんこう》の儀」（神幸祭）が始められ、神霊を若宮神社から表参道北側に設けられる御旅所に遷す。そのさい、神輿などは用いず、榊の枝をもって十重二十重に神霊を囲み、供奉する人々が「ヲーヲー」という警蹕《けいひつ》（先触れのいましめ）の声を発しながら暗闇のなかを歩いていく。御旅所に着いて、「暁祭《あかつきさい》」で神楽などが奉納された後にいったん休憩となる。

ついで、正午より「お渡り式」が執り行われる。これは、芸能などの出し物を奉納する人々が行列を組み、旧興福寺《こうふくじ》境内（現奈良県庁前広場）から市街地を練り歩いて御旅所に向かうものである。さまざまな渡物が続くなかで、前半の日使《ひのつかい》・巫女・細男・猿楽・田楽・馬長などが、創始当初からの出し物であったと考えられる。(24) 後半の野太刀《のだち》・大和士《やまとざむらい》などは、中近世に付加されたものであろう（表7—1）。

行列が御旅所に着くと、午後二時半ごろより、神をもてなすためにさまざまな神事や芸能奉納が夜まで続く（「お旅所祭」）。そして深夜一〇時半ごろより、神霊を御旅所から神社に遷す「還幸の儀」（還幸祭）があり、その日のうちに主要な行事は終わる。

おん祭の行事のなかで、かつての京都の祭との関連で注目したいのは、「お渡り式」において創始当初からあったと思われるいくつかの渡物である。現在のそれらの写真と、『年中行事絵巻』に描かれた祇園会の祭礼行列とを比べていただきたい（図7—3）。そのありさまは、当時からほとんど変わっていないのである。さいわい十八世紀前半のおん祭を描いた絵画史料もあるので[25]、今の様子が近現代に復古されたものでないとの確認もできる。

おそらくおん祭は、十二世紀の京都で行われていた主要な祭の、当時としては最新の出し物が移植されて創始され、これまでおおむね変わることなく受け継がれてきたのであろう。それにしても、これだけ多くの渡物が九〇〇年近く同じように伝承されていることは、驚くべき事実といえる。

ただ、渡物としての外見はさほど変化がないのだが、これらの人々が演じる奉納芸能なども、はたして当時のままかどうかという点になると、疑問符がつく。ここでは田楽という出し物に事例を絞って考えてみよう。

田楽という芸能

田楽とは、主として楽と躍《おど》りから成る芸能である。もともと田植えを囃《はや》す農耕儀礼にともなった楽に、散楽芸（大陸渡来系の芸能で、曲芸・奇術といった雑技の総称）が結びついたものといわれており、平安中期に成立して以来、南北朝期のころまで大流行した[26]。

とくに有名なのは、嘉保三年（永長《えいちょう》元年、一〇九六）、当時の京都住民が上から下まで田楽に夢中になり、一種のマス・ヒステリア（集団的熱狂）状況になった「永長大田楽《おおでんがく》」である。「永長大田楽」は、この年の三月、松尾祭の延引に抗議する多数の人々が、田楽を囃しながら松尾社に参詣したことから始まる。[27] やがて六月の祇園会のころにはピークに達して、田楽を囃し、躍る者たちが昼も夜も街路に充満した結果、制止できない状態におちいった。祇園会当日には五〇組もの田楽が祭礼行列に加わり、それを見物するために、禁中でさえもぬけのからになってしまったという。[28]

その後も田楽の狂騒は続き、時の白河上皇や堀河《ほりかわ》天皇も熱中したが、八月になって、とくに熱心だった上皇の愛娘《まなむすめ》、媞子《ていし》内親王（郁芳門院《いくほうもんいん》）が、興奮のあまり二十一歳の若さで急逝してしまう。続いて上皇もショックを受けて出家してしまった。このように衝撃的な出来事が続いたことで、さしもの「永長大田楽」もようやく終焉《しゅうえん》を迎える。当時の学者、大江匡房《おおえのまさふさ》は、この大騒動を「霊狐のなせる所なり」と評したうえで、女院の死を「ここに知る、妖異《ようい》の萌《きざ》す所、人力の及ばざるを」と意味深長な言葉で結んだ（『洛陽田楽記《らくようでんがくき》』）。おそらく当時の田楽という芸能には、誰をもとりこにする、不可思議で怪しげな魅力があったのであろう。後の時代でも、北条高時《ほうじょうたかとき》、足利尊氏《たかうじ》といった著名人らが田楽に熱中していた。[29]

一方、十二世紀のころから、専門芸能者の演じる田楽が、京都を中心とする多くの祭に正式に取り入れられ、王の舞や獅子舞とともに祭礼行列の渡物や奉納芸能を構成するようになったらしい（ただし、「永長大田楽」のように素人が演じて祭礼行列に加わる田楽も引き続きあり、「歩田楽《かちでんがく》」と呼ばれた）。先に述べたように、稲荷祭や祇園会におけるその様子が『年中行事絵巻』に描かれているほか、北野祭や今宮祭、新日吉社（新日吉神宮）小五月会などでも田楽が出されていた記録がある。[30]しかし、現在の京都市内において、昔から残っている田楽となると、かなり山奥に入った右京区京北《けいほく》矢代中町《やしろなかちょう》、日吉神社の秋祭に奉納される矢代《やしろ》田楽があるのみである。

おん祭の田楽

奈良のおん祭では、創始当初より田楽が中心的な渡物および奉納芸能とされてきており、応《おう》安《あん》七年（一三七四）には、若き日の世阿弥《ぜあみ》も、祭前日に行われる「装束賜りの能」という田楽の見学に出向いていた。[31]現在は「お渡り式」の途中、一の鳥居を入ってすぐ南側の「影向《ようごう》の松」前と、「お旅所祭」などでいくつかの演目が演じられている。

数ある田楽の演目のなかで比較的わかりやすいのは、散楽の流れをくむ曲芸であろう。そのうちおん祭で演じられているのは、本来はジャグリングのように小刀を手玉にした「刀玉《かたなだま》」と、やはり本来はホッピングのように竹馬状の棒に乗って飛び跳ねた「高足《たかあし》」である。しかし、わざわざ「本来は」と記したのは、現在の演目では多少それらしい仕草をするだけで、本来の姿からかけ離れ、まったく形骸《けいがい》化してしまっているからである。

高足を例にとって考えてみよう。史料のうえで高足という演目がはじめて現れるのは、例の「永長大田楽」においてである。[32]かつての田楽における高足が、棒に乗ってピョンピョン飛び跳ねていたことは、十四世紀末ごろの絵画史料である『大江山絵詞《おおえやまえことば》』などからわかるほか、文永《ぶんえい》七年（一二七〇）の『内山永久寺鎮守造営日記《うちやまえいきゅうじ》』という史料には、高足に関して「未曽《みぞ》有《う》の芸態（能）か」という記述があるので、高度でアクロバティックな技も演じられていたらしい。ちなみに、豆腐やコンニャクを串に突き刺した食べ物である田楽、さらにおでんの語源は、この高足に由来する。

これに対して、おん祭における高足の芸態はどうであろうか。現在、「影向の松」前における奉納のあり方は、二人の演者が竹馬状の棒を捧げ持って進み、ついで棒を地上に立てると、横木に片足をかけてポーズをとって終わる。その間、わずか一分程度である。棒に乗ることも含めて、曲芸めいた要素はまったくない。これが、かつて蠱惑《こわく》的な魅力で多くの人々をとりこにした田楽の芸態なのであろうか。

筆者としては、やはり長い間に芸能の形骸化が進み、その生き生きとした魅力が失われたと考えざるをえない。十八世紀前半の『春日大宮若宮御祭礼図』には、演者が「高足」に乗った姿が描かれているので、少なくともこのころまではホッピング的な演技はあったのであろうが。

上鴨川住吉神社の祭

それでは、かつての魅力が残っているような田楽は、他にはないのであろうか。室町期以降、田楽は徐々にふるわなくなったが、実は現代でも、祭に奉納される民俗芸能として、地方に数多く伝承されている。なぜかというと、平安後期から中世前期（鎌倉〜南北朝期）にかけて、京都などの大社寺は、経済的な基盤であった地方荘園を管理する方策として、みずからの末社

表7—1　各祭における出し物の比較

『年中行事絵巻』	祇園会	巻九：田楽・大御幣・巫女・王の舞・獅子舞・鉾・神輿・細男など 巻十二：馬長・獅子など
	稲荷祭	巻十一：馬長 巻十二：巫女・田楽・獅子舞・大御幣・神輿など
春日若宮おん祭のお渡り式		第一番 日使（ひのつかい） 第二番 巫女（みこ） 第三番 細男・相撲（せいのお・すもう） 第四番 猿楽（さるがく） 第五番 田楽（でんがく） 第六番 馬長児（ばちょうのちご） 第七番 競馬（けいば） 第八番 流鏑馬（やぶさめ） 第九番 将馬（いさせうま） 第十番 野太刀（のだち）ほか 第十一番 大和士（やまとざむらい） 第十二番 大名行列
上鴨川住吉神社の奉納芸能		神楽・リョンサン舞（王の舞）・獅子舞・田楽・猿楽・相撲

4つの祭全てに共通する出し物：田楽
3つの祭に共通する出し物：獅子舞・馬長・巫女

や鎮守社を荘園内に勧請・創建し、祭についても、王の舞・獅子舞・田楽などをセットにして移植したためである。その結果、当時流行していた祭の出し物が地方に残ったのである(33)。ここではそのなかから、とくに古い様式を残していると思われる、兵庫県加東《かとう》市上鴨《かみかも》川《がわ》、住吉神社の祭と奉納芸能をとりあげてみよう。

住吉神社のある上鴨川の地は、播磨と丹波の国境に近い山里であり、かつては住吉大社の荘園であった。現在、住吉神社の秋祭は十月第一土曜日・日曜日に行われ、そこで奉納される芸能は、神楽・リョンサン舞（王の舞）・獅子舞・田楽・猿楽・相撲などで構成されている。いずれも中世以前の芸態

図7―4　上鴨川住吉神社の高足

を残し、その伝承組織（「宮座」）なども含めて、きわめて貴重な文化遺産といえる[34]。しかし、本書で注目したいのは、田楽のなかで演じられる高足のあり方である。

当祭における高足は、演者が棒に乗ってピョンピョン飛び跳ねるという本来の姿はもちろん、片足を横木にかけた状態で高く上げ、もう一つの片足を軸にしてクルクルと（下半身が傘のようになって）回転する演技なども見せてくれる。そして、それらの技が見事に決まれば、集まった見物人は拍手喝采し、失敗すれば笑いころげる（図7―4）。見る者を楽しませ、魅せるという生き生きとした芸能のあり方が、ここには少しだけ残っていたのである。

おそらく上鴨川住吉神社の奉納芸能は、中世前期のころに、本社である住吉大社の祭礼を模して導入され、それ以来何百年もの間、血の通った命脈を保ちつづけてきたのであろう。「この山里まで来て、あの魅惑的な中世の田楽の面影にようやく巡り会えた」。筆者には、思わず目頭が熱くなった思い出がある。

地方の祭に残る田楽の高足としては、他に静岡県浜松市天竜《てんりゅう》区水窪《みさくぼ》町西浦《にしうれ》の観音堂や茨城県常陸太田《ひたちおおた》市上宮河内《かみみやかわうち》町《ちょう》の西金砂《にしかなさ》神社などが有名である。しかし、これ以外の地方にも、田楽の他の演目や王の舞など中世以前に生まれた奉納芸能が残っている事例は数多い。たとえそれらが形骸化したものであっても、今に残されたわずかな痕跡から、かつての祭の様子を想像してみてほしい。

なお、田楽を演じるさいには、木片や竹片を何十枚も並べ、その上端を紐《ひも》で編んで鳴らす、ビンザサラ（編木）という楽器が用いられることが多いので、古い神社の祭のなかに、ビンザサラを使う奉納芸能があれば、たとえ今の名前が違っていても、かつての田楽の流れをくむものと考えていいだろう。

五　今宮祭に見る御霊会のなごり――なぜ神輿は引き返すのか

今宮社と今宮祭

ところで、第一節で指摘した御霊会の特徴のうち、最後にあげた、怨霊や疫神をよそへ送りやる遷却という要素は、今の京都の祭には残っているのであろうか。当初恐ろしい存在であった怨霊や疫神は、その後、逆に頼もしい御霊神・天王神として崇められるようになり、御旅所祭祀などを通じて、氏子たちが居住する市街地の氏子区域へも招き入れられるようになった。

したがって、そのような形式が成立した後では、たとえ御霊会系の祭であっても、遷却の要素は残っていないと思われがちである。

しかし、実は遷却のなごりと思われる行事が、しかも核心的な行事として残っている祭が京都にはある。それが洛北、今宮神社（今宮社、口絵参照）の今宮祭である。そこで本節では、とくにかつての御霊会の影響に着目しながら、同祭の歴史と現状を追っていこう。

今宮社および今宮祭は、先に紹介した正暦五年（九九四）の船岡山および長保三年（一〇〇一）の紫野において、疫神を慰撫し、鎮送した二つの御霊会が起源であり、他に比べて比較的新しい神社・祭といえる。ちなみに今宮の「今」とは、新しいという意味でもある。

今宮社の氏子区域は、おおむね二条城を南限とし、東は堀川通（一条通より北は小川通）、西は七本松通を境界として南北に長い領域を占めているが、その中心は織物で有名な西陣地域である（図7―5）。西陣の名は、応仁の乱（一四六七〜七七年）において山名《やまな》宗全《そうぜん》ら西軍が陣を構えたことに由来し、十八世紀のころには、「東ハ堀川を限り、西ハ北野七本松を限り、北ハ大徳寺・今宮旅所限り、南ハ一条限り、又ハ中立売通《なかだちうりどおり》　町数百六拾八町」が西陣の範囲とされていた（『覚書』）。今宮社氏子区域にはこれらの全域が含まれており、ゆえに今宮社は「西陣の氏神」ともいわれる。

また、現在の今宮祭は五月五日に神幸祭、十五日に近い日曜日に還幸祭が行われており、両日とも御旅所（上京区大宮通北大路《きたおおじ》下ル若宮横町《わかみやよこちょう》）を中心に、三基の神輿や剣鉾《けんほこ》（第九章参照）

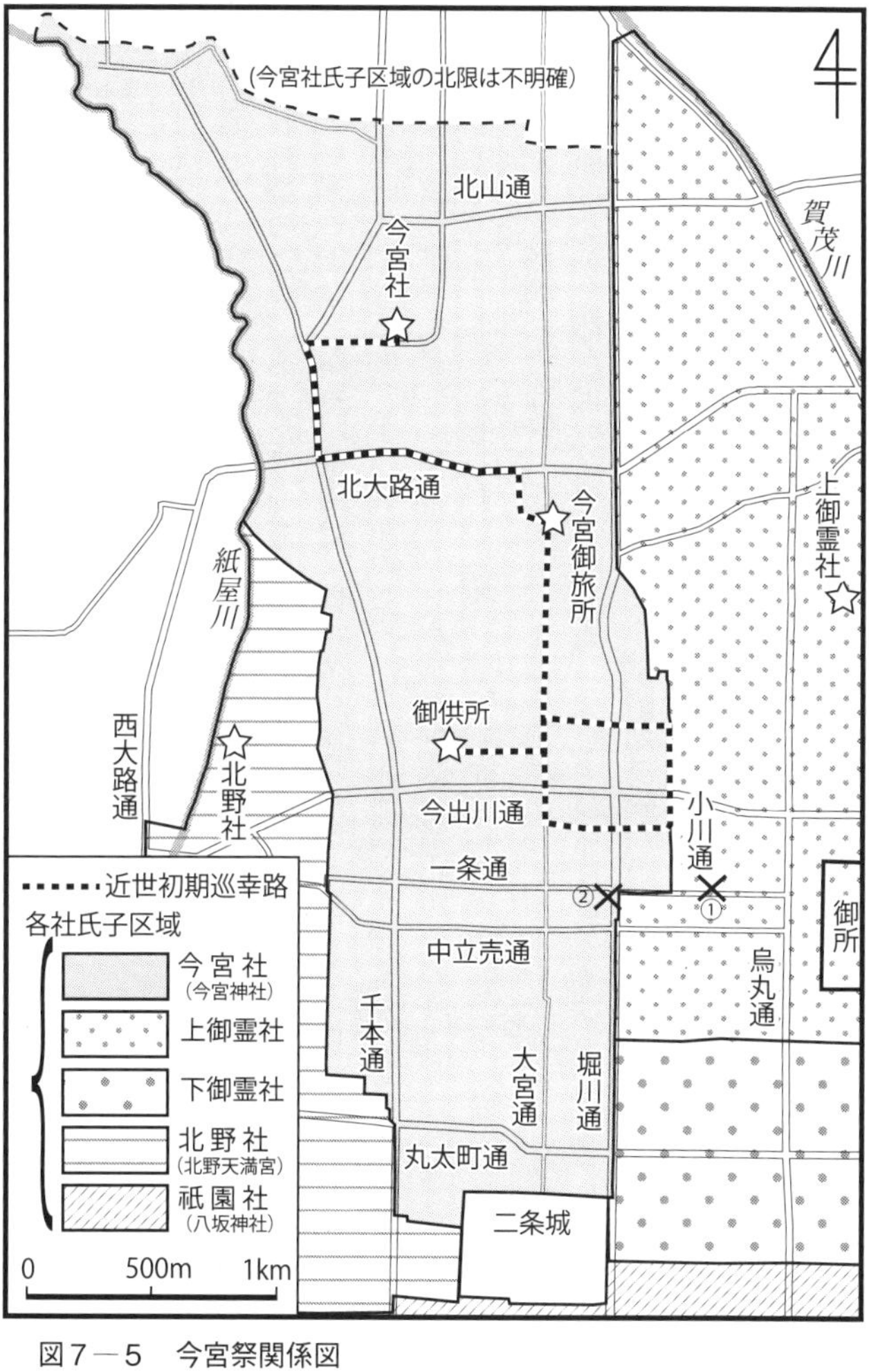
(今宮社氏子区域の北限は不明確)
北山通
今宮社
賀茂川
北大路通
今宮御旅所
上御霊社
紙屋川
西大路通
北野社
御供所
今出川通
小川通
一条通
中立売通
御所
烏丸通
千本通
大宮通
堀川通
丸太町通
二条城
近世初期巡幸路
各社氏子区域
今宮社
(今宮神社)
上御霊社
下御霊社
北野社
(北野天満宮)
祇園社
(八坂神社)
0
500m
1km

図7―5　今宮祭関係図

が氏子区域を巡っている。ただし、近世江戸期までは旧暦五月七日が神幸、十五日が還幸という式日であり、さらに慶長《けいちょう》十二年（一六〇七）以前の還幸祭は、五月九日に執り行われていた。

さて、初期の今宮祭は「紫野御霊会」と呼ばれ、平安後期から十三世紀のころまでは、疫病が流行する年に限ってその都度祭が行われたと考えられている。(35)十二世紀の今宮祭の様子を描いたとされる『年中行事絵巻』巻十二によれば、それはのどかな田園に囲まれた郊外の社殿前で行われる祭のようであった。一方で、正元《しょうげん》元年（一二五九）には、後嵯峨《ごさが》上皇より馬長が奉納されていることなどから、(36)祇園会に似た祭礼行列があったと考えられる。

その後の時代になると、十四世紀のころから御旅所祭祀が始まる。(37)しかし、他の主要祭礼に比べると、成立がやや遅い。そして、それまで御旅所祭祀が行われてこなかったということは、初期の今宮祭への、都市に在住する民衆の関与が希薄であった事実を示唆する。この理由としては、おそらく西陣など今宮の氏子区域となる地域が、かつての平安京大内裏やその北側にあたり、京都のなかで都市化がなかなか進展しなかった点などがあげられよう。西陣が市街地として本格的に発展するのは、十五世紀末の戦国期以降なのである。(38)

しかし、都市の民衆が祭に参画しない時代が長く続いたせいか、今宮社には、中世後期になっても疫病の神というイメージがつきまとっていた。たとえば十五世紀の公卿・学者である一条兼良《いちじょうかねよし》は、今宮神について「是れは疫癘《えきれい》の神なり」と述べているし（『公事根源《くじこんげん》』）、十六世紀の『世諺問答《せげんもんどう》』という史料においても、「いまみやは疫病の神なり」と記されている。つまり今宮社は、御霊・天王神系の神社のなかで、かつての疫神のイメージを最後まで受け継いだ神社といえよう。

御霊会のなごり

それを裏づけるかのように、現代の今宮祭において不可思議な神事がある。還幸祭の当日、御旅所を出た神輿は、氏子区域を巡った後、夕方になって上京区五辻通《いつつじどおり》浄福寺西入ル一色町《いっしきちょう》に立ち寄り、神供行事が執り行われる。かつてはここが「御供所」と呼ばれていたが、現在は普通の民家前の路傍で実施されている（図7—6）。

図7—6　今宮祭・御供所神事

この御供所神事の重要なポイントは、それまで神輿に奉戴してきた神霊が御幣に遷されることであり、その後は神職が依り代の御幣を今宮神社まで持ち帰る。また、祭自体も、本神事をもって終了が宣せられるのである。もちろん、神輿をそのままにしておくわけにはいかないので、舁手たちによって神社まで運ばれるが、そこに神霊は乗っていない。

御供所神事が史料のうえで確認されるのは、十八世紀初頭である。そのさい、五辻通を東から進んできた神輿は、当地で「御供」を受けた後に、再び五辻通を東へ引き返していったという[39]（図7—5）。このときの具体的な行事の内容は記されていないが、神輿がUターンして引き返してしまうところを見ると、現在と同じく、神輿から神霊を遷す神事であったと見てさしつかえあるまい。また、文化三年（一八〇六）の『諸国図会年中行事大成』という史料には、今宮祭の期間中、氏子の家々に挿されてあった榊を、最後に御供所で捨てたともあり、この呪術的な行為にも深い意味があるように思われる。

それにしても、どうしてわざわざ神輿から神霊に降りてもらう必要があるのであろうか。しかも、あわせて神輿が元来た道を引き返してしまうのはなぜか。そこで思い起こされるのは、今宮祭の起源となった正暦五年（九九四）の船岡山御霊会である。そのとき、疫神を乗せた神輿を「難波海」に流したという記録に鑑みれば、本神事は、かつての御霊会における疫神遷却のなごりとしか考えられない。つまり、中世まで疫神とみなされていた今宮神を、神輿に乗せてここまで運び、当地から京都西方の外部へ送りやる神事であったと推測されるのである。

おそらく本来の今宮祭は、疫神を送り放つ遷却をもって完全に終了していたのではないだろうか。それがいつしか、さすがに神霊をそのまま放置しておくわけにはいかないということで、御幣に遷して神社に持ち帰るという折衷的な方式が取り入れられたのであろう。

以上のように、現代の今宮祭には、かつての御霊会における疫神遷却のなごりが色濃く反映されている。これは、他の御霊会系の祭にはほとんど残っていない要素であり、きわめて貴重な伝承と考えられるのである。

六　やすらい祭——もう一つの疫神鎮送の祭

やすらいのあらまし

また、今宮神社といえば、毎年四月第二日曜日に行われるやすらい祭も見のがせない。同祭は、花傘を中心に赤毛・黒毛の鬼たちが、「やすらい花や」という掛け声とともに踊り歩くもので、花傘の下に入ると疫病除けになるともいわれ、無病息災を願う祭として知られている（図7—7）。ちなみに、鞍馬由岐《くらまゆき》神社（左京区鞍馬本町《くらまほんまち》）の火祭、太秦広隆寺の牛祭（現在は行われていない）とともに、京都の三奇祭と呼ばれることもある。

現在のやすらい祭は、今宮神社に奉納される旧上野村（現北区紫野）のやすらいの他にも、いくつかの近隣地域で伝承されてきている。すなわち、かつての雲林院《うんりんいん》村（現北区紫野）、川上《かわかみ》村（現北区西賀茂《にしがも》）、上賀茂村の一部（現北区上賀茂岡本町《かみがもおかもとちょう》・梅ケ辻町《うめがつじちょう》）の各保存会によって、それぞれ玄武《げんぶ》神社（北区紫野雲林院町）、川上大神宮（北区西賀茂川上町）、岡本やすらい堂（北区上賀茂岡本町）を中心に執り行われている。これらのやすらいは、いずれもかつては今宮社境内に参入して奉納していたという。(40)

やすらい祭が伝承されている地域の共通した特徴は、近代以前の農村地域であったという点である。つまりやすらいとは、（中世後期以降の）西陣を中心に都市の祭として執り行われてき

図7—7　やすらい祭（今宮神社提供）

た今宮祭などに比べて、担い手の性格が異なる祭だということである。もちろん、農村といっても京都市街地に接しているので、そういった特殊性を考慮する必要はあるが、もっぱら農民によって伝承されてきた事実はまちがいない。また、やすらいの奉納では、今宮本社よりも境内摂社、疫《えき》神社を重んじるという風習もあるので、今宮神社への信仰には、なかなか複雑なものがあるといえよう。

やすらいの歴史

やすらい祭の歴史は、仁平《にんぴょう》四年（一一五四）四月、「近日、京中の児女、風流を備え鼓笛を調《ととの》え、紫野社（今宮社）に参る、世にこれを夜須礼《やすらい》と号す、勅ありて禁止す」とあるのが、史料に現れる最初である（『百錬抄《ひゃくれんしょう》』）。このときの様子は『梁塵秘抄口伝集《りょうじんひしょうくでんしゅう》』に詳しく記されているが、おおむね今と類似した芸能が演じられていたらしい。その後、何度か中断をはさみながらも、現代に伝承されている。

ところが、河音能平氏は、仁平四年の「夜須礼」発生を、当時の政治状況から創出された一つの特異な事件と位置づけ、このときの芸能も専門芸能者による演出だった可能性を示唆した[41]。その論考を詳細に紹介する余裕はないが、たいへん興味深い内容である。しかし、仮に人為的な創出であったとしても、背後には当時の民衆のもつ何らかの信仰が広くあったはずである。その根強い力がなければ、やすらいの芸能を後世に伝えていくことはできなかったであろう[42]。それでは、やすらいを伝承させてきた民衆の信仰とは、具体的にどのようなものだったのだろうか。

初期のやすらいには、古代の「鎮花祭《はなしずめのまつり》」との関連も指摘されている[43]。「鎮花祭」とは、天長十年（八三三）の『令義解《りょうのぎげ》』によれば、もともと大和国の大神《おおみわ》神社（三輪明神《みわみょうじん》）とその摂社、狭井《さい》神社（ともに奈良県桜井《さくらい》市三輪《みわ》）における旧暦三月の祭であり、「春、花飛散の時にありて、疫神分散して癘を行う、その鎮遏《ちんあつ》のため必ずこの祭あり、故に鎮花《はなしずめ》という」と解説されている。どうして花が散ると疫病がはやるのか、現代の思考ではなかなか理解しづらいものがあるが、ともかく当時の「鎮花祭」も、御霊会や道饗祭と同じように、古い疫病対策の祭の一つであったことは確かである。

また、やすらい祭の掛け声である「やすらい花や」の意味は、桜の花が散るのを疫病の前兆と見て、「花よ、安らかにあれ」と願ったという説と、花を疫神鎮送のための依り代と見て、「疫神を鎮めとどめた花よ」と詠嘆したという説がある[44]。いずれにしても疫神を鎮め送るために発せられた、祈りの言葉といえる。

したがって、現代まで伝わってきたやすらい祭については、おそらく古代における疫病対策としての「鎮花」的な行事が民衆の間に広くあって、それに御霊会を起源とする今宮社の疫神イメージが付与されて再編・定着し、伝承されてきたものと見るのが穏当なところであろう。やすらいは、御霊会系の祭とは異なる、もう一つの疫神鎮送の祭なのである。

一方、まだまだわからない部分も残っている。たとえば、現在のやすらい祭で強調されている、三輪明神とのつながりの問題がある。初期のやすらいが、古代の「鎮花祭」的な系譜につらなることは確かなように思われるが、近世以前の史料では、やすらい祭と、「鎮花祭」が行われていた三輪明神との具体的な関係は一切言及されていない。

しかし、たとえば上賀茂やすらいの岡本および梅ヶ辻のやすらい堂では、「三輪大明神」「狭井大明神」と記された御神号掛軸がかけられており、玄武神社にも境内末社、三輪明神社があって、「鎮花祭」との関連が説明されている。筆者には、このような関係が中世以前までさかのぼれるとも思えず、おそらくは近世以降にやすらいの由緒を三輪明神と結びつけようとする、何らかの意図的な動きがあった結果ではないかと推測するが、現時点ではまったくわからない。今後に残された謎といえる。

第八章　南北朝期から室町期の祭――祇園祭の山鉾巡行を中心に

一　現代の祇園祭における山鉾巡行

山鉾巡行のあらまし

さて、ここで再び話を祇園祭に戻そう。さまざまな行事が行われる同祭のなかで、そのハイライトはなんといっても山鉾の巡行である。

現在の山鉾巡行では、山や鉾と呼ばれる出し物が行列を組み、七月十七日の前祭には二三基、二十四日の後祭には一〇基が、朝から昼過ぎにかけて、つまり夕方からの神輿渡御に先立って都大路を巡っている。華麗な美術工芸品（懸装品《けそうひん》）で飾られた山鉾は「動く美術館」にたとえられ、夏空に響く祇園囃子《ばやし》の音色も鮮烈な印象を残す。さらに、最大級で高さ二五メートル、重さ一二トンもある巨大な車舞台状の山鉾が、交差点において昔ながらのやり方で方向転換す

図8—1　現代の祇園祭・船鉾

る豪快な「辻回し」などもあり、見どころが満載である（口絵および図8—1）。

　当日の巡行路は、前祭が、長刀鉾町《なぎなたほこちょう》（下京区四条通烏丸東入ル）より出される長刀《なぎなた》鉾《ほこ》を先頭にして四条通を東へ進み、四条通堺町《さかいまち》では山鉾の順番を点検する「鬮改」儀式が行われる。ついで河原町通《かわらまちどおり》を北へ、御池通を西へ、新町通を南へ進んで流れ解散となる。京都市中をほぼ四角形に巡るルートであるから、「辻回し」も四回行われている。後祭は、橋弁慶町《はしべんけいちょう》（中京区蛸薬師通《たこやくしどおり》室町東入ル）より出される橋弁慶山を先頭にして、前祭と反対回りのルートを進み、「鬮改」は御池通寺町で行われる。

　ちなみに前祭と後祭は、昭和四十一年（一九六六）以来、七月十七日に合同で執り行われていたが、幕末に焼失して「休み山鉾」であった大船鉾《おおふねほこ》が再建されたのを契機に、平成二十六年（二〇一四）から再び別々に巡行されることになった。なお、休み山は他に二基ある。

山鉾の分類

現在三三基ある山鉾は、すべて山鉾町と呼ばれる八坂神社氏子区域内の町々から出されている（次章の表9—2・図9—2参照）。山鉾の分類にはさまざまな方法があるが、ここではなるべくわかりやすく、まず「鉾」と呼ばれる渡物と「山」と呼ばれる渡物とに分け、さらに形態の違いによって合計四つに分類しておこう。

①　祇園囃子を奏する囃子方《はやしかた》が搭乗し、多数の曳手《ひきて》によって曳《ひ》き回される、巨大な車舞台状の「鉾」。前祭の長刀鉾・函谷鉾《かんこほこ》・鶏鉾《にわとりほこ》・菊水鉾《きくすいほこ》・月鉾《つきほこ》・放下鉾《ほうかほこ》・船鉾《ふねほこ》、後祭の大船鉾の計八基である。船鉾と大船鉾は文字通り船の形をしているので、他と区別されることも多いが、本書では便宜上八基をまとめて取り扱い、他の鉾と区別するためにカッコつきで「山鉾」と呼ぶことにする。

②　大きな笠の上に風流の作り物などを飾って、踊り手や囃子方などとともに練り歩く「笠鉾」。前祭の綾傘鉾《あやがさほこ》・四条傘鉾《しじょうかさほこ》の二基である。

③　囃子方が搭乗し、多数の曳手によって曳き回される、巨大な車舞台状の「曳山《ひきやま》」。大きな松を立てる点以外は、①の「山鉾」とよく似ている。前祭の岩戸山《いわとやま》、後祭の北観音《きたかんのん》山《やま》・南観音山《みなみかんのんやま》の計三基である。

④　①や③よりも小ぶりで、飾り人形などを乗せ、舁手が神輿のように担ぐ「舁山《かきやま》」。ただし、現在では車輪が装備されているため、通常は押して動き、方向転換のときにだけ舁手が担いでいる。前祭では芦刈山《あしかりやま》・霰天神山《あられてんじんやま》・保昌山《ほうしょうやま》など一三基、後祭では橋弁慶

山・八幡山《はちまんやま》など七基、合計二〇基である。

このうち本書が注目するのは、最も巨大で目立ち、かつ歴史も古い①の「山鉾」である。前章で検討した平安後期から鎌倉期にかけての祇園会とは、神輿を中心にして馬長などが調進・奉納される祭であって、そこに「山鉾」の姿は確認できなかった。これに対して、十五世紀なかばの制作とされる絵画史料、『月次祭礼図《つきなみさいれいず》』の祇園会の光景には、函谷鉾および船鉾と思われる出し物が描かれている[1]。

したがって、山鉾巡行の行事および「山鉾」形態の渡物は、南北朝期から応仁の乱（一四六七〜七七年）直前の室町期までに成立したと推定されるのである。なお、③の曳山の形態が確認されるのは、十六世紀戦国期の『洛中洛外図屏風《らくちゅうらくがいずびょうぶ》』米沢《よねざわ》市上杉《うえすぎ》博物館所蔵本（上杉本）に描かれた岩戸山まで時代が下る。

本章では、もっぱら十四世紀から十五世紀のなかば、南北朝期から室町期にかけての祭の歴史や特徴を明らかにしていくが、そのさい、とくにこの時代に生まれた祇園会の山鉾巡行に焦点をあてつつ、他の祭の動向もあわせて検討していくことで、当時の京都における都市祭礼文化の全体像にもせまってみたい。

二　山鉾といくつかの謎

山鉾巡行の目的

さて、ここで本格的な歴史の検討に入る前に、もう少し現代の祇園祭山鉾巡行に着目して、いくつか不思議に思われる点をあげてみたい。それらを通じて、中世祇園会の実態にせまっていくための鍵も見つけられるだろう。

まず、山鉾巡行はどうして神輿渡御とは別に行われるのか、そもそも何のために執り行われるのか、という点である。通常この理由は、市中に浮遊して疫病をひきおこす疫神を山鉾に集めて回るためであり、後から実施される神輿渡御の道のりを祓い清める役割があるとされている。つまり、山鉾は悪い疫神の依り代であって、華麗な懸装品も祇園囃子の楽も、その効果を高めるために加えられたというのである(2)。

確かに山鉾の巡行は神輿渡御に先立って行われ、八坂神社にも出向かない。しかも巡行を終えて町内に戻ってくると、夕方の神輿出御を待たずに、すぐに解体されて跡形もなくなってしまうことは、集めて回った疫神の鎮送を象徴する作業とも解釈できる。したがって、現在の山鉾巡行の目的は、疫神を集め回ることと考えてさしつかえなかろう。だとすれば、前章で説明した今宮祭に残っているような、かつての御霊会における疫神遷却のなごりといえないこともない。

しかし、これはあくまで「現代の」祇園祭に限った話である。なぜならば、今の山鉾にあてはまる疫神の依り代という機能を、山鉾巡行が成立した中世のころも同じであったと史料のうえで確認がとれないからである。そもそも八坂神社の祭神で、神輿に奉戴される素戔嗚命（近世までは牛頭天王）自身が、かつては疫神そのものとみなされていたのではなかったか。

もちろん牛頭天王は、平安中期には（従来と逆に）頼もしい神とみなされはじめていたようであり、これに対して山鉾巡行はそのずっと後に成立したのだから、時代によって疫神への考え方が大きく変化した結果、（かつての御霊会の対象とは違った意味での）疫神を集め回る目的で山鉾巡行が成立したと解釈することもできる。

ただ、そうなると、なぜ京都の他の祭、とくに御霊会系の祭（北野〔瑞饋《ずいき》〕・上下御霊・今宮など）には、祇園祭の山鉾巡行に相当する行事がないのかという疑問がわいてくる。一説には、これらの祭で出される剣鉾（第九章参照）が山鉾と同じ役割をはたしているとされるが、後で述べるようにこの説にも疑問点があり、今のところ「そういう解釈もできる」といった段階にとどまろう。

中世における山鉾巡行の目的が、疫神を集め回ることであったのかどうか、筆者は現時点で軽々しく判断はできず、今後の研究の進展に期待すべきと思われる。ただ、少なくとも山鉾巡行が神輿渡御の前に独立して執り行われている事実が、疫神を集め回るという目的の根拠であることはまちがいない。よって本章では、中世山鉾巡行の成立過程を考えるさい、とくにそれが神輿渡御執行とどういう関係にあって、いかにして独立していったのかという点に注目して検討していこう。

鉾とは何か

もう一つの不思議な点は、山鉾の「鉾」という言葉の意味である。そもそも「鉾」とは何なのであろうか。辞書で「鉾」をひくと、たとえば「両刃の剣に柄をつけた、刺突のための武器。青銅器時代・鉄器時代の代表的な武器で、日本では弥生時代に銅矛・鉄矛がある。のちには実用性を失い、呪力をもつものとして宗教儀礼の用具とされた」（『大辞泉』）とある。つまり鉾（矛・桙《ほこ》）とは、もともと槍《やり》に似た古代の細長い武器だったのである。現代においても、全国各地の祭で古代の武器の形をした鉾が祭具として多く用いられ、幸鉾《さいのほこ》などと呼ばれている。幸鉾は、武器であるゆえに悪霊を祓い、神輿渡御の道を浄《きよ》める祭具と位置づけられることが多い。

このような元来の鉾と祇園祭の「山鉾」――名前は同じ鉾でも、形態がまったく異なっており、共通点を見出すことはまずできない。いったいいかにして、古代の武器が中世の巨大な車舞台に変化していったのであろうか。最初はこの問題から、中世京都における祭礼文化の世界に足を踏み入れてみよう。

三　中世祇園会における鉾の歴史

祇園会に現れた鉾

祇園会における鉾という出し物は、実は平安後期には現れていた。すなわち、先に紹介した『年中行事絵巻』巻九のなかに、神社側が準備した渡物として、神輿の前に四本の鉾が描かれているのである（図8—2）。それらの形態は、まさに人が手にもって扱う古代以来の武器である。祭の様子からして、当時の鉾の目的とは、現代の幸鉾と同じく武器をもって神輿を警固し、悪霊を祓いながら先導する役割であったと推測されよう。

図8—2　『年中行事絵巻』の鉾（祇園会）（『日本絵巻大成8』所収）

『年中行事絵巻』に描かれた鉾は、保元《ほうげん》二年（一一五七）の祇園会の記録、「御霊会祭礼に添えんがため、天神の威儀を増さんがために、鎌鉾三張をそえて社家に下さる」（『社家条々記録』）のなかにある「鎌鉾」と考えられており、その後は「馬上十二鉾」（あるいは「馬上十三鉾」）と呼ばれて、室町期まで祇園会に出されていた。(3)

また、寛喜三年（一二三一）には、稲荷・日吉・祇園の三祭礼を対象に「色々の綾絹等数十疋をもって、神宝桙標《ほこしるし》にかける過差を停止すべし」という禁制が出されているので（『近衛文書』）、「馬上十二鉾」には「綾絹」で飾られた風流が施されていたこともわかる。脇田晴子氏は、『年中行事絵巻』の鉾にかけられている、びらびらした布製の幡《はた》（旗）あるいは領巾《ひれ》を当時の「鉾風流」と推測しているが、おそらくそのとおりであろう。

「山鉾」の誕生

しかし、神輿に供奉していたこれらの「馬上十二鉾」は、後の「山鉾」と直接の関係はないと考えられている。なぜならば、前者は神社が準備する渡物であるのに対し、後者は、現在の「山鉾」などがすべて氏子区域の山鉾町から出されているように、信仰者集団側が調進・奉納する渡物だからである。

そのような信仰者側によって出される鉾は、元亨《げんこう》三年（一三二三）六月の祇園会の記録、「御霊会例のごとし（中略）今日桙衆ら群参して乱舞す」（『花園天皇宸記《はなぞのてんのうしんき》』）が最初であったと思われる。本史料は当時の花園上皇による日記であるから、「桙衆」が「群参」してきた場所は上皇の御所であり、わざわざ神輿渡御から離れて御所までやって来られたのは、行動が自由な信仰者側の渡物であったためにほかならない。また、「桙衆」がどういう人々であったかはわからないが、鉾の形態については、「乱舞」という表現や、元弘《げんこう》二年（一三三二）時点で武器への転用が可能だったらしいことから、[4]『年中行事絵巻』に描かれた元来の鉾と大きな違いはあるまい。

ついで、永和二年（一三七六）六月の祇園会では「高大なる鉾」が転倒し、老尼がその下敷きになって死亡する事件が起きた。(5) したがって、当時鉾の大型化が進んでいたことをうかがわせるが、これが「山鉾」の形態であったかどうかは判断がむずかしい。元来の鉾の形であっても、大型になればかなりの重量になるからである。

それでは、このような武器の形をした元来の鉾が、いかにして現在見るような風流の凝らされた車舞台、「山鉾」に進化していったのであろうか。この問題に対して、大胆な仮説を提示したのが山路興造氏である。(6) 以下、同氏の論考を簡潔に示そう。

十四世紀後半の祇園会には、「久世舞車《くせまいぐるま》」と呼ばれる渡物が出されていた。(7) これは、当時流行していた久世舞という芸能の舞手を乗せ、舞を披露しながら巡行した車舞台である。久世舞は曲舞《くせまい》とも呼ばれており、祇王《ぎおう》や静御前《しずかごぜん》で有名な白拍子舞《しらびょうしまい》から生まれてきた芸能とされ、主に稚児や女性によって舞われた。観阿弥《かんあみ》によって猿楽（現在の能楽）にも取り入れられている。

そして山路氏によれば、いつしかこの久世舞車の上に、舞手のかわりに元来の鉾を乗せ、ドッキングさせた渡物が「山鉾」の原型になったという。さらに久世舞車とは、室町将軍家が（貴族層の馬長などに対抗して）調進した渡物であったことなども論じている。

以上の主張はあくまで仮説であり、史料のうえで実証ができないなどさまざまな批判もある。が、「山鉾」の形態という点に限れば、他に有力な説があるわけではない。当時の祇園会に出されていた車舞台状の渡物は久世舞車しか確認できない以上、久世舞車と「山鉾」とに何らかのつながりがあるという見方は、現時点でも十分合理的といえよう。

その後、応永二十九年（一四二二）六月の祇園会の記録に、「桙・山・船已下《いか》の風流、美を尽くすこと例年のごとし」（『康富記』）と船型の渡物が確認されるので、遅くともこの少し前、十四世紀末から十五世紀初頭にかけての時期に「山鉾」は誕生したと推定される。

また、十四世紀後半には、おそらく現在の舁山につながる「作山」も現れるなど、[8] 南北朝期から室町期にかけての祇園会では、次第に山や鉾の数が増えて、賑わいを増していく様子が各種史料から読み取れる。以上の結果、応仁の乱直前になると、六月七日の前祭には三二基、同十四日の後祭には二八基、合計で六〇基もの山鉾が調進されるようになった。[9] 中世の祇園会において、山鉾は押しも押されもせぬ花形の渡物となったのである。

四　山鉾巡行の成立と比叡山延暦寺

山鉾巡行の成立

次に、山鉾巡行が、神輿渡御から独立した行事として成立する経緯などを考えてみよう。これらについては、すでに河内将芳氏によって詳細が明らかにされているので、[10] 本節も、主として同氏の論考に依拠しながら進めていくこととしたい。

十四世紀前半に現れる信仰者集団調進の鉾は、先に述べたとおり当初から自由な動きをしていたが、それらが山鉾巡行として独立した行事であったことを示す明確な記録は、応安三年（一三七〇）六月になって現れる。すなわち、当年の祇園会では神輿渡御が行われなかったにもかかわらず、「京中鉾等」が、先々と違わず巡行していたというのである。[11] しかも山鉾巡行だけが実施される状況は、それから一〇年間も続いた。

祇園会と比叡山延暦寺

この間神輿渡御が停止されていた理由については、詳しい説明が必要であろう。話は前年にさかのぼる。この年の七月、比叡山延暦寺（山門）の僧侶・僧兵（「山門大衆《だいしゅ》」）は、延暦寺の鎮守である日吉社（日吉大社）の神輿を奉じて大挙入京し、対立する臨済宗《りんざいしゅう》、南禅寺《なんぜんじ》（現左京区南禅寺福地町《なんぜんじふくちちょう》）が新造した楼門の破却を強硬に要求して抗議行動を行った。世にいう山門の強訴（「山訴」）である。そのように無理無体な強訴が可能であったのは、中世までの有力な社寺が、宗教的権威に加えて僧兵など強大な軍勢を保持していたためでもあった。

さて、このときは山門の要求が通って楼門は破却されたのだが、強訴のさいに神輿が破損してしまう。すると、破損した日吉神輿の造り替え（造替）をめぐって新たな対立が生じた。そして費用負担などの問題が決着せぬまま、造替がなされていないという理由で、翌年から一〇年もの間、祇園会の神輿渡御が中止されたのである。[12]

日吉社の神輿破損によって祇園会までとばっちりがおよんだのは、いささか奇異に思えるかもしれないが、この理由は、当時の祇園社が日吉社の末社であったためである。山門大衆にいわせれば、本社の神輿が破損して祭（日吉祭、現在の山王祭）ができないでいるのに、末社が祭を行うのはけしからんという理屈になるのであろう。

ただ、長期にわたって祇園会の山鉾巡行だけが執り行われ、それを時の室町幕府第三代将軍、足利義満《よしみつ》が桟敷を構えて見物したことなどで、この間に山鉾の人気がより高まっていったと考えられている。とくに永和四年（一三七八）の見物は、義満がお気に入りの猿楽師、世阿弥をともなっていたことで有名である。[13]

ちなみに、山訴のために日吉社の日吉祭（四月）や小五月会（五月）が行われず、これにともなって祇園会（六月）や、同じく末社、北野社の北野祭（八月）までが次々と玉突き状に延引されてしまう事態は、中世では決して珍しいことではなかった。[14]

そして、山訴の最中に諸祭礼の執行を滞らせるのは、おそらく室町幕府などから有利な「裁許」を引き出そうとする、山門大衆側の戦術であったとも思われる。なぜならば、当時は諸祭礼が延引された場合、必ずその年内に追行しなければ、疫病などの災厄が起きると信じられていたらしいからである。幕府側からすれば、期限が決まっているので、それまでに何としても山門側が納得する裁許を出さなければ、権威が失墜してしまったのであろう。

たとえば幕府の裁許が遅れた文安六年（一四四九）では、暮れもおしせまった十二月になって、延引されていた一連の祭があわただしく追行された。[15] さらに、各祭は本来の順番通りに行わなければならないとする不文律もあったらしく、追行の日取りは六日に日吉小五月会、十四日に祇園会還幸、十五日に北野祭還幸といった具合であった。この結果、史上はじめて、祇園会が真冬の十二月に実施される事態になってしまったのである。

もっと極端なのは長禄《ちょうろく》二年(一四五八)と寛正四年(一四六三)の場合であり、いずれも各祭礼が十二月晦日《みそか》にまとめて行われるというあたふたぶりであった。[16] 以上のように、中世の祇園会執行は、山門大衆の意向に強く左右されていたといえる。

ところで、応安三年(一三七〇)以降一〇年間の祇園会では、神輿渡御が中止されても山鉾巡行は式日通りに行われていたのだが、約八〇年後の文安六年では、山門大衆側が前者にあわせて後者も延引するように要求し、[17] この結果、両行事とも十二月に実施された。その後の記録でも、神輿渡御が延引・追行されれば、山鉾巡行もそれにあわせるようになり、以前の時代に比べて両者の連動化・一体化が進んだといえよう(ただし、同日中に別々の行事として行われる慣行は、現在と同様であったらしい)。

なぜ一度完全に分離した二つの行事が、再び一体化するようになったのであろうか。その理由について河内氏は、もともと神輿は神社側の渡物、山鉾は信仰者集団側の渡物であったように、それぞれの経済基盤は別々であったものが、十五世紀前半のころから両者に接点がもたれた可能性などを指摘しているが、確定的なことはよくわからない。この問題は、当時の山鉾巡行の目的ともからむので、今後の研究が待たれる。

北野祭について

なお、今までに何度か出てきた北野祭とは、その名のとおり北野社（北野天満宮）の祭礼である。北野社の創祀から四〇年経った永延元年（九八七）八月五日に祭が始められ[18]、永承《えいしよう》元年（一〇四六）には式日が八月四日に改められている[19]。十一世紀末ごろには八月一日の神輿迎も開始され[20]（表4―2参照）、室町期までは京都を代表する祭の一つであった。

しかし北野祭は、応仁の乱の影響を受けて、十五世紀後半に神輿渡御をはじめとする主要行事が廃絶してしまった。その後の北野社には氏子が担い手となる祭がなかったが、一世紀以上経った十六世紀後半から、ようやく新しい祭が現れてくる。これが現代まで続く瑞饋祭《ずいきまつり》である。その詳細は、あらためて第九章でふれることにしよう。

五　山鉾の担い手と地方の祇園祭

山鉾の担い手

ところで、南北朝～室町期における祇園会の山鉾巡行を担っていたのは、どういう人々であったのだろうか。これは、「下辺《しもわたり》の鉾ならびに造り物の山、先々のごとくこれを渡す」（『後愚《ごぐ》味記《まいき》』永和二年（一三七六）六月）、あるいは「地下《じげ》用意のホコ等」（『満済准后日記《まんさいじゅごうにっき》』応永二十二年（一四一五）六月）といった記録からわかるように、祇園社の氏子区域である「下辺」（下京）の「地下（人）」（ここでは都市の一般民衆）が中心になって、多数の山や鉾を調進・奉納していたと考えられる。

　しかし、山鉾巡行に参画していたのは、下京在住の一般民衆だけではなかった。たとえば当時の記録によると、「山崎の定鉾《しずめ》」（『尺素往来《せきそおうらい》』）「北畠《きたばたけ》笠鷺桙」「大舎人桙」（ともに『看聞御《かんもんぎょ》記《き》』）といった特殊な鉾があったことがわかる。「山崎の定鉾」とは、第六章の松尾祭の説明でもふれた大山崎を拠点とする油商人、「大山崎油座」が奉納していた鉾、「北畠笠鷺桙」とは、上京の相国寺に属した北畠散所《きたばたけさんじょ》の声聞師《しょうもじ》（民間の陰陽師、祈禱・占い・芸能を職業とした）が演じた鷺舞《さぎまい》、そして「大舎人桙」とは、後に西陣と呼ばれる地域に居住していた織物の織手たち、「大舎人座」が奉納した、おそらくは笠鉾と考えられている。[21]

　これらの出し物の担い手は、いずれも下京には在住していない。しかし、調進主体の多くが当時の同業者組合（座）であることから、おそらく商売上普段から下京とのつながりがあり、そこで当地の祭に協賛するような形で鉾などを出していたと考えられている。[22]以上のように、室町期までの祇園会には、下京の民衆が出した山鉾だけでなく、実にさまざまな信仰者集団から多様な渡物が調進されていたのである。

鷺舞のゆくえ

ところで、室町期祇園会の出し物のうち、「北畠笠鷺桙」と見られる鷺舞が『月次祭礼図』に描かれている。その姿は鳥の頭をかぶり、両手に羽根をつけた二人の舞手、すなわち雌雄二対の白鷺が舞うものであったが、応仁の乱後には記録に現れなくなる。おそらく乱の影響で廃絶したのであろう。

図8―3　山口祇園祭の鷺舞

しかし、応安二年（一三六九）、周防《すおう》国（現山口県）の守護、大内弘世《おおうちひろよ》によって祇園社が山口（現山口市）に勧請され、さらに長禄三年（一四五九）に祭礼が始められたさい、祇園会の鷺舞も京都から移植されたらしい。そして、現在でも山口市の八坂神社の山口祇園祭においては、当時から続く鷺舞が披露されている[23]（図8―3）。かつての馬長や田楽と同じく、中世の鷺舞も地方に残っていたのである。したがって、山口の祇園祭は、京都の祭を考えるためには、地方の祭もあわせて検討せねばならないことを示す典型例といえよう。なお、山口の鷺舞は、後に島根県鹿足《かのあし》郡津和野町《つわのちょう》、弥栄《やさか》神社の祇園祭にも伝習され、やはり優美な舞が今に伝えられている。

地方の祇園祭

中央の祭礼が地方へ伝播した事例を、時代を追ってみていくと、平安後期から鎌倉期にかけては、第七章で説明したように、主に地方荘園管理という経済的な目的で、中央の大社寺が主導して移植されていた。祇園社においても、このような事例は、十一世紀末に祇園社荘園とされた兵庫県篠山《ささやま》市、波々伯部《ほほかべ》神社の祇園祭などが該当しよう。ちなみに同祭では、「おやま行事」と呼ばれる珍しい神事も伝承されてきている。

これに対して中世の大内氏は、京都を模範として山口の都市造営を実施しており、その関係で祇園会も移植したと思われる。したがって山口祇園祭の場合は、地方の領主が主導し、政治的・文化的な目的で働きかけて移されてきた点が特徴といえる。

その後の近世江戸期になると、とくに「山鉾」型の山車が市街地を巡行するような地方都市の祭では、多かれ少なかれ京都の祇園祭の影響が目立つようになる。なかでも滋賀県大津市、天孫《てんそん》神社の大津祭、三重県伊賀《いが》市、上野《うえの》天満宮（菅原神社）の天神祭、それに京都府亀岡市、鍬山《くわやま》神社の亀岡祭という三祭礼は、それぞれの都市在住の町人が主体となって本場の祇園祭を学び、「山鉾」の形態や祇園囃子の拍子、それに鬮改の作法まで取り入れて作り上げた祭として知られている。[24]

以上のように、数多くある地方の祇園祭を見学するにあたっては、どういう部分が京都の祭に似ているかという点に加えて、それがいついかにして移されてきたかという経緯も意識して見てみると、より理解が深まるのではないだろうか。

六　中世京都祭礼における「鉾の時代」

さて、前節まで山鉾を中心に、南北朝期から室町期にかけての祇園会の歴史を見てきたが、当時、鉾という出し物が花形となっていた祭は祇園会だけではない。実は中世の京都においては、稲荷・北野・御霊・今宮といったその他の主要祭礼でも、鉾こそが最も注目を集める渡物だったのである。[25] それぞれがはじめて登場する史料を以下に示そう。

諸祭礼における鉾

今日稲荷祭、鉾以下これ渡る（『師守記《もろもりき》』暦応三年〔一三四〇〕四月）

その後、一の御鉾参じての後、神輿神幸す。保々の御鉾、先々のごとく参る（『北野天満宮史料』「三年一請会引付」明徳《めいとく》二年〔一三九一〕八月）

御霊神輿向（迎）、これ北小路（現在の今出川通）を下に神幸す、鉾三十余本、神輿二社

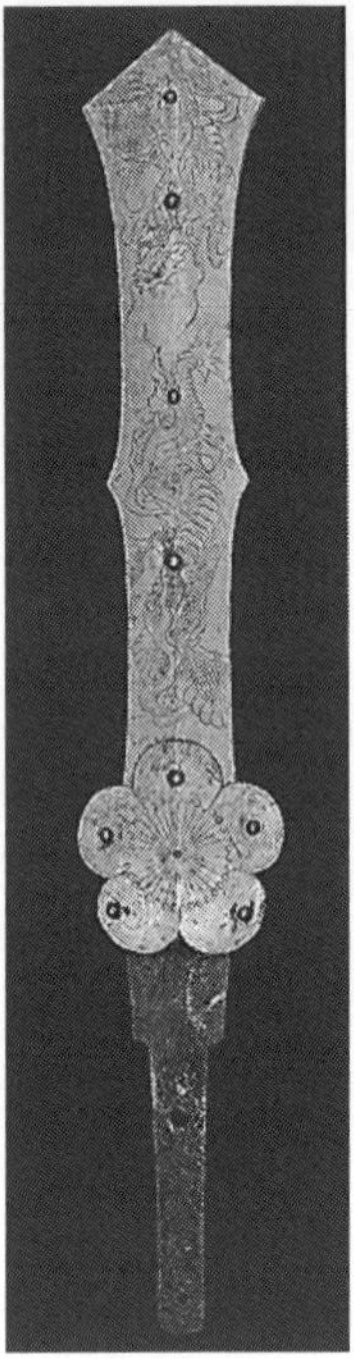

図8－4　北野天満宮伝来とされる鉾（『耕三寺宝物館図録』）

（『教言卿記《のりとききょうき》』応永十二年〔一四〇五〕八月）

今宮祭礼なり、鉾有り（『康富記』応永二十九年〔一四二二〕五月）

その後応仁の乱の直前まで、これらの祭に出される鉾は数が増え、中心的な渡物として定着していく。たとえば嘉吉三年（一四四三）三月の稲荷祭では「ホコ二十本」（『東寺執行日記《とうじしゅぎょうにっき》』）、文安元年（一四四四）八月の御霊祭では「桙五十余本」（『康富記』）といった具合であった。

以上述べてきたことから、第七章第三節で結論を保留していた問いの答えは明らかであろう。すなわち、前時代の馬長にかわって新たに京都祭礼の花形となった渡物とは、鉾だったのである。したがって、京都の祭礼文化史において、平安後期から鎌倉期にかけてが「馬長の時代」であったとすれば、南北朝期から室町期は「鉾の時代」と名づけることができよう。

ところで、祇園会を除く各祭の鉾の形態については、「何本」という数え方や、永享四年（一四三二）八月の御霊祭の記録に「桙折れ、ヒレも切れると云々」（『看聞御記』）とあることなどから、多くは祇園会の「馬上十二鉾」のように元来の武器の面影を残しており、それに華やかな領巾《ひれ》をつけるなどの風流が施されて審美的な注目を集めていたと思われる。ちなみに、当時の北野祭との関連が推測される鉾が、広島県尾道《おのみち》市瀬戸田町《せとだちょう》の耕三寺《こうさんじ》博物館に所蔵されている（図8―4）。珍しい形の鉾なので一見をおすすめしたい。

また、これらが「馬上十二鉾」のように神輿に供奉していたのか、それとも山鉾巡行のように神輿渡御から独立した渡物として出されていたのかどうかは、残された史料からはよくわからない。ただ、先にも少しふれたとおり、その後の記録や現代の状況からすれば、各祭礼とも祇園会の山鉾巡行に相当する行事がないことから、当時の祭に出された鉾は、（山鉾を除いて）いずれも神輿に供奉していた可能性が高いと思われる。

「鉾の時代」の意義

一方、祇園会の山鉾だけでなく、稲荷・北野・御霊の各祭における鉾も、一般民衆によって準備されていたらしいことは重要である。(26) つまり、それ以前の祭礼の花形であった馬長が、もっぱら貴族層によって調進・奉納されていたのに対して、南北朝～室町期における花形であった鉾は、いずれも一般民衆が担い手になっていたのである。

このような変化から、当時の京都では、一般民衆が都市の祭礼文化を（従来の御旅所祭祀といった側面だけでなく、花形的な出し物も含めて）全面的に担う主体となり、それを支えるだけの経済力をもったこと、都市内部の小地域ごとに共通の氏神（産土神）と祭をもつ氏子として、精神的な連帯を強めつつあったことなどが指摘できよう。

見方を変えれば、祭礼の花形的渡物としての馬長の消滅は、かつての貴族層が没落した結果でもあり、その背景には、中世において京都を何度も襲った戦乱や武家政権の台頭などがあったといえよう。ただ、こういった政治的・経済的な問題ばかりでなく、時代による都市住民の嗜好《しこう》の変化なども大きな理由だったのではないか。なぜならば、貴族層が没落しても、新たに祭の中心的担い手となった一般民衆層が望めば、馬長を引き継ぐこともできたはずだからである。

それなのにどうして（馬長でなく）鉾が人気のある出し物になったのか、その理由は判然としない。しかし、いずれにしても馬長から鉾へという祭の花形の交代は、京都という都市の住民が、常に新たな流行を追い求めていたがゆえに必然的に生じた現象といえよう。さらにいえば、人気のある祭礼の出し物が、時代によって大きく変化していった事実は、京都が、各時代最先端の流行文化を創造し、発信しつづける大都市であった証《あかし》ともいえるのである。

室町幕府の関与

ところで、最近の研究では、当時の京都の各祭礼が華やかに催行された背後に、実は室町幕府がおり、それらに積極的な後援をしていたらしいことが明らかになりつつある。(27) 極端な例でいえば、幕府が都市の一般民衆に命令ないし財政援助をして、祭に飾り立てた鉾を出させ、それを足利将軍が見物することで幕府の権威を示していた可能性なども指摘できよう。室町幕府による祭礼への関与の実態については、まだまだわからない部分も残っているが、今後は、中世の京都における祭のあり方を問い直す必要が出てくるかもしれない。

第九章　戦国期から安土桃山期の祭――剣鉾を生んだ御霊祭を中心に

一　応仁の乱による祭礼の中断

応仁の乱と京都

十五世紀なかば、室町期までの京都では、賀茂・松尾・稲荷・祇園・北野・御霊・今宮といった主要祭礼が盛大に行われており、祇園会の山鉾巡行に代表されるように、鉾という新たな渡物も人気を呼んでいた。しかし、このような状況は応仁の乱によって激変してしまう。

第一章でも述べたとおり、応仁の乱（一四六七～七七年）は、日本史上でもまれに見る大規模かつ長期間にわたる戦乱であり、しかも京都が主戦場となったため、それまでの市街地の多くは焼野原になってしまった。

汝《なれ》や知る都は野辺の夕雲雀《ひばり》あがるを見ても落ちる涙は

応仁の乱の顚末《てんまつ》を記述した軍記文学、『応仁記』におけるこの歌は、かつては賑やかで華やかだった都の街並みが、今では雲雀がさえずる一面の野原になってしまったことの悲しみをうたっている。あわせて人口も大きく減少したであろう。

廃墟のようになった都市を復興させようとしても、治安を担うべき室町幕府が弱体化してしまい、残った都の人々は、自分の身は自分で守るしかなくなってしまう。彼らは居住地を「惣構」と呼ばれる堀・塀・木戸門などの要害で囲み、とりあえずそのなかは安全になったが、結果として、戦国期における京都の市街地はわずかに上京（含西陣）と下京だけに縮小した（図1―4）。この二つの小地域だけが、当時の都市としての景観と機能を維持していたのである。(1)

乱後の諸祭礼

乱の影響は、もちろん京都の祭にもおよんだ。すなわち、それ以前に執り行われていた主要祭礼のすべてが、例外なく中断に追い込まれたのである。表9―1は、これらが復興していく状況をまとめたものであるが、乱が勃発した応仁元年（一四六七）から復興までの歳月は、最も早かった文明八年（一四七六）の稲荷祭でも九年、最も遅かった明応九年（一五〇〇）の祇園会では三三年もかかっており、賀茂祭の勅使奉幣や北野祭の神輿渡御に至っては、再開に向

表9—1　応仁の乱後における京都の祭の復興状況

	勅使奉幣・神輿巡幸を基準とする復興状況
賀茂祭（葵祭）	（勅使奉幣は中絶、元禄7年〔1694〕に復興）
松尾祭	長享2年（1488）に復興（『後法興院記』『親長卿記』）
稲荷祭	文明8年（1476）に復興（『東寺私用集』）
祇園会（祇園祭）	明応9年（1500）に復興
北野祭	（神輿巡幸は廃絶、瑞饋祭は慶長12年〔1607〕から始まったか）
御霊祭	明応7年（1498）に復興（『親長卿記』など）
今宮祭	遅くとも延徳元年（1489）には復興（『北野社家日記』）

各種史料より筆者作成

けた動きはあったものの、ついに復興できなかった（ただし、神社のなかでの神事は行われている）。いかに深刻な打撃であったかが想像できよう。

復興した祭のなかでも、松尾祭や稲荷祭に関するその後の記録はだんだん少なくなっていく。おそらく松尾や稲荷は、乱後に氏子区域が市街地でなくなった結果、近郊農村の祭となっていき、その関係で記録も乏しくなったのであろう。また、乱以前にあった松尾祭への勅使奉幣や稲荷祭の鉾なども廃絶してしまったようである。

そうなると、応仁の乱後に都の祭として注目されたのは何であったろうか。その答えは、京都の氏子区域図に当時の市街地の地図を重ねてみれば理解できる（図9—1）。すなわち、戦国期の京都を代表する祭とは、下京の祇園会と上京の御霊祭（厳密には上御霊祭）だったのである。

本章では、十五世紀なかばから十六世紀、戦国期および安土桃山期における京都の祭のあり方を、この二つの祭を中心に概観し、さらに打ち続く戦乱のなかで新たに生まれ

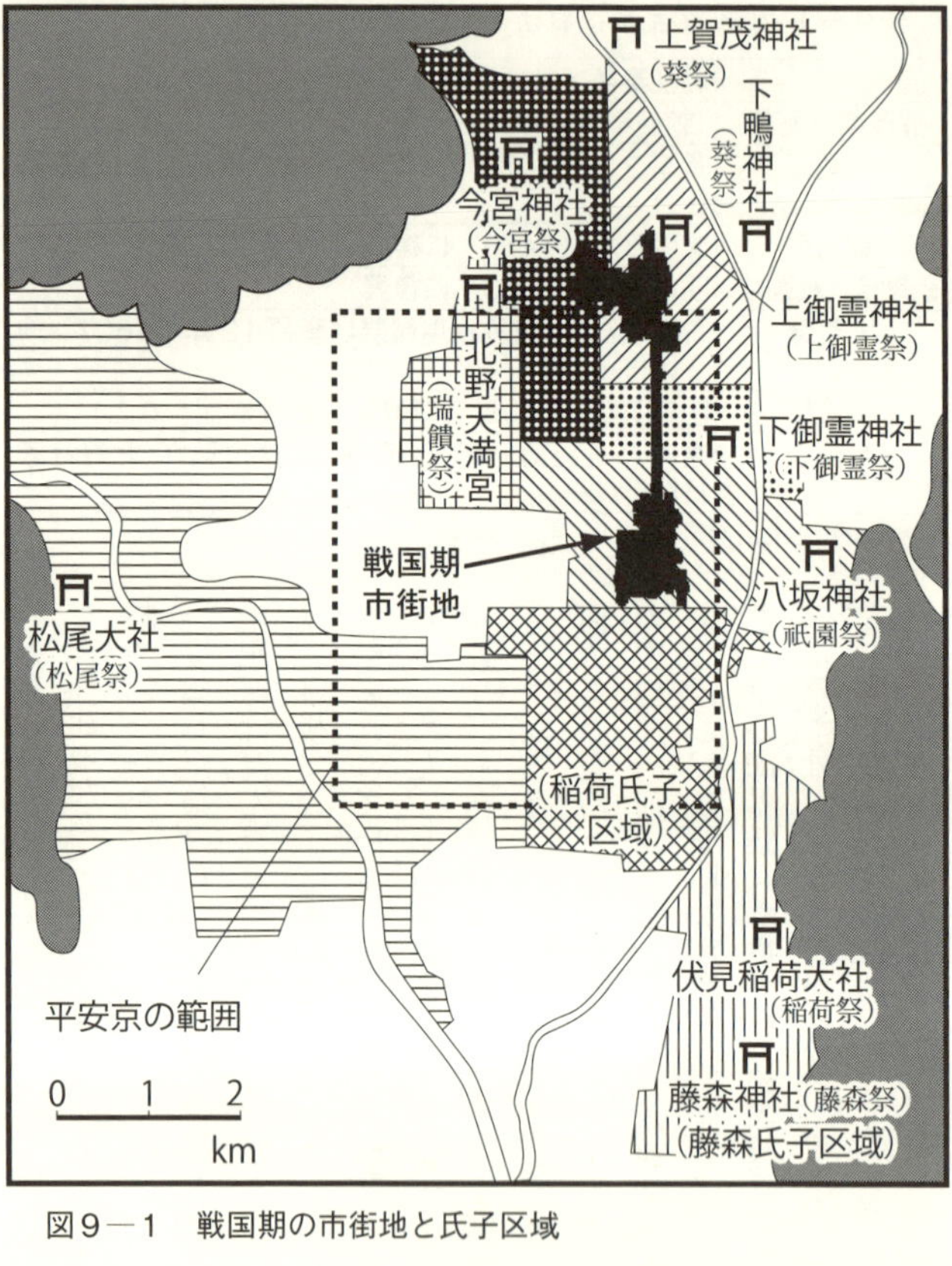

図9—1　戦国期の市街地と氏子区域

てきた祭の花形、剣鉾についても述べていきたい（なお、戦国期の京都では、西陣の今宮祭も祇園と御霊につぐ人気を集めていたが、本書では割愛する）。

二　明応九年の祇園会復興

復興までの経緯

京都の各祭のなかで、応仁の乱からの復興が最も遅かった祇園会ではあったが、それに至る経緯や当年のありさまは、第七章でもふれた『祇園会山鉾事』をはじめ史料がよく残されているので、比較的理解しやすい。その後の状況ともあわせて、やはり河内将芳氏による研究成果(2)を中心としながら紹介していこう。

『祇園会山鉾事』は、室町幕府侍所開闔《さむらいどころかいこう》（軍事・警察組織の責任者）の役職にあった松田頼《まつだより》亮《すけ》という人物が、明応九年（一五〇〇）の復興にさいして、乱前後の祇園会の状況などを記述した史料である。このような記録が幕府の役人によって作成されていることからわかるように、祇園会復興を実現しえた要因の一つは、当時の室町幕府による積極的な後援であったと考えられている。さらには、乱以前からの京都の祭礼と室町幕府との深い関係も推測されよう。

祭の復興にあたってとくに問題となったのは、乱のさなかに破損したらしい神輿三基の造替であった。『祇園社記』によれば、すでに明応五年（一四九六）の段階で、幕府は祇園社に対して造替を急ぐように命じているが、弱体化した幕府にそのための資金があるわけではなく、「十穀聖《じっこくひじり》」、すなわち勧進（募金）活動を行っていた僧侶と相談するよう指示している。しかし、現実にはなかなか造替が進まなかったようで、翌年には、（神霊の乗り物として）神輿のかわりに榊を用いて巡幸するよう提案したりもしている。

そのような準備が何とか整ったのが明応九年であったらしく、五月十八日、幕府は正式に当年の祇園会復興を命じている。(3) ところが、これに待ったをかけたのが比叡山延暦寺の山門大衆である。彼らの主張は乱前と同じであった。つまり、山訴によって日吉小五月会が行われていない以上、祇園会の執行もまかりならぬというものである。(4) しかし、祭礼復興をめざす幕府の姿勢は強硬であり、山門大衆との対決も辞さない構えで臨んでいたこともあって、結局この年の祇園会は、三三年ぶりに神輿渡御・山鉾巡行とも六月の七日と十四日に行われた。

どうして幕府が当年の祇園会復興にここまでこだわったのであろうか。河内氏は、はっきりしたことはわからないとしながらも、その理由として、当時、一度祭礼が中止されれば、三三年の間中断に追い込まれると信じられていた事実との関連を指摘する。(5) 裏をかえせば、応仁元年（一四六七）に中止された祇園会は、それから三三年後、すなわち明応九年（一五〇〇）までに必ず復興しなければならないと思われていたらしいからである。ただ、ちょっと話が出来過ぎている感がなくもない。

おそらく祇園会がこの年に復興できた理由は、単純ではあるまい。たとえば前年七月、当時の幕府を牛耳っていた管領《かんれい》、細川政元《ほそかわまさもと》が山門を焼き討ちにして、その勢力をある程度削《そ》いでいたことも、山門大衆の反対を押し切って祇園会を執り行えた理由の一つであろう。ちなみに政元は、その後も祇園会の執行にさいして強い主導力を発揮していたようである。

しかし、何よりも祭の復興を願っていた京都住民たちの努力を無視できまい。残された史料からは、そういった人々の動きが見えにくいのは残念であるが、祇園会をはじめとする京都の祭が戦乱から復活しえた最大の原動力は、貴賤を越えた大多数の人々の、努力の結集であったに相違なかろう。

明応九年の山鉾巡行

それでは明応九年（一五〇〇）に復興された祇園会は、乱前に比べていかなる様子であったろうか。まずは山鉾巡行から見ていきたい。『祇園会山鉾事』によると、出された山鉾の数は前祭が二六基、後祭が一〇基、合計三六基であった。乱前の六〇基に比べて二四基もの減少である。減少した理由としては、乱からの復興の遅れゆえとも考えられるが、河内氏が指摘するように、当年の祭が、山門の反対で執行されるかどうか不確実だったため、準備が間に合わなかったものもいくつかはあったろう。

また、乱前に出されていた「山崎の定鉾」「北畠笠鷺桙」「大舎人桙」といった同業者集団による鉾が消滅し、すべての山鉾が下京の「町人ら」によって出されるようになった点は重要で

22	四条坊門室町錦小路間	山伏ミ子入山	16	室町通蛸薬師下ル	山伏山
23	綾小路油小路西洞院間	あしかり山	17	綾小路通西洞院西入ル	芦刈山
24	四条油小路綾小路間	八幡山		―	―
25	四条室町綾小路間	にわ鳥山	18	室町通四条下ル	鶏鉾
26	四条町綾小路間	大舟		→後祭の 10 大船鉾に該当	
	―	―	19	四条通烏丸西入ル	函谷鉾
	―	―	20	新町通仏光寺下ル	岩戸山
	―	―	21	東洞院通松原上ル	保昌山
	―	―	22	仏光寺通西洞院西入ル	木賊山
	―	―	23	新町通綾小路下ル	船鉾

（後祭）

明応９年			平成 26 年		
	場　所	山鉾名		場　所	山鉾名
1	四条坊門烏丸間	うしわか殿	1	蛸薬師通室町東入ル	橋弁慶山
2	三条町六角間	八わた山	2	新町通三条下ル	八幡山
3	三条烏丸	すゝか山	3	烏丸通三条上ル	鈴鹿山
4	六角町四条坊門間	くわんおんふたらく	4	新町通六角下ル	北観音山
5	六角烏丸室町間	あしうさうしやうミやう	5	六角通烏丸西入ル	浄妙山
6	三条室町六角間	大友の黒主	6	室町通三条下ル	黒主山
7	六角室町四条坊門間	龍門瀧	7	室町通六角下ル	鯉山
8	四条坊門油小路間	かつら山		―	―
9	姉小路室町三条間	ゑんの行者	8	室町通三条上ル	役行者山
10	三条町室町間	たか山		（三条通室町西入ル）	（鷹山）
	―	―	9	新町通錦小路上ル	南観音山
	→前祭の 26 大舟が該当		10	新町通四条下ル	大船鉾

『祇園会山鉾事』（河内将芳『祇園祭の中世――室町・戦国期を中心に』2012 所収）などから作成

注：カッコに入れた山は休み山。明応９年と平成 26 年との山鉾の比定には、推定を含む。カナを漢字に直すなど読みやすくしてある。

表９―２　明応９年（1500）と平成26年（2014）の祇園祭山鉾の比較

（前祭）

明応９年			平成26年		
	場　所	山鉾名		場　所	山鉾名
1	四条東洞院烏丸間	ナキナタホコ	1	四条通烏丸東入ル	長刀鉾
2	五条坊門綾小路間	天神山	2	油小路通綾小路下ル	油天神山
3	錦小路西洞院四条間	いほしり山	3	西洞院通四条上ル	蟷螂山
4	五条坊門油小路高辻間	たい子のそま入山	4	油小路通仏光寺下ル	太子山
5	五条東洞院高倉間	内裏ノ花ヌス人山		―	―
6	四条烏丸綾小路間	花見中将山		―	―
7	四条坊門油小路錦小路間	タルマ山		―	―
8	四条町室町間	かつら男山	5	四条通室町西入ル	月鉾
9	四条油小路錦小路間	山伏山		―	―
10	五条坊門綾小路間	伯楽天山	6	室町通綾小路下ル	白楽天山
11	四条烏丸錦小路間	まうそう山	7	烏丸通四条上ル	孟宗山
12	錦小路烏丸室町間	神功皇后山	8	錦小路通室町東入ル	占出山
13	四条油小路西洞院間	かさはやし	9	四条通西洞院西入ル	四条傘鉾
14	四条町錦小路間	はうか山	10	新町通四条上ル	放下鉾
15	錦小路町間	天神山	11	錦小路室町西入ル	霰天神山
16	四条西洞院町間	みち作山	12	四条通西洞院東入ル	郭巨山
17	綾小路西洞院間	琴ハリ山	13	綾小路新町西入ル	伯牙山
18	錦小路室町四条間	菊水山	14	室町通四条上ル	菊水鉾
19	四条坊門町室町	布袋山		（蛸薬師通室町西入ル）	（布袋山）
20	綾小路室町間	こきやこはやし	15	綾小路室町西入ル	綾傘鉾
21	錦小路町西洞院間	はうか山		―	―

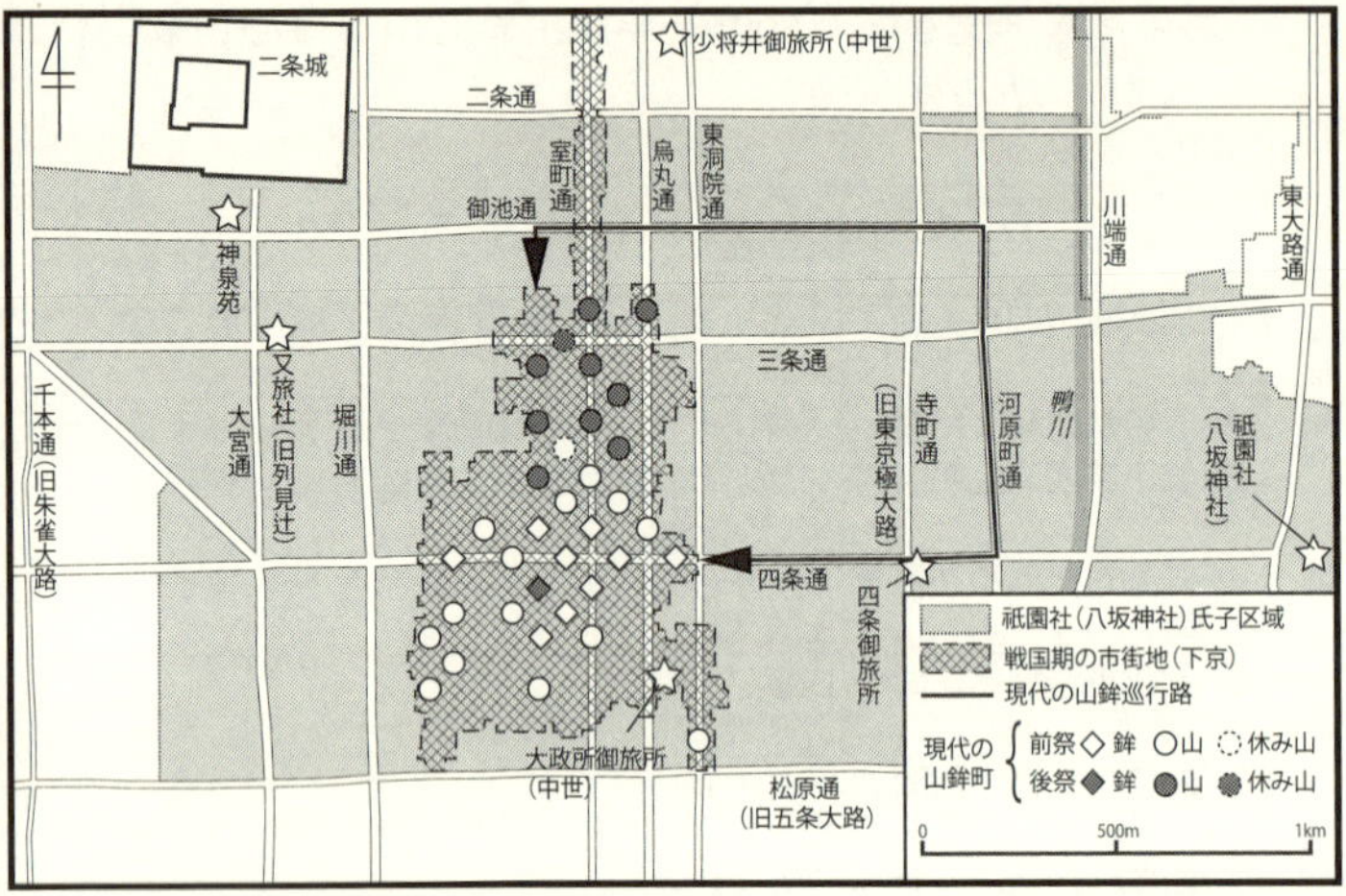

図9―2　祇園祭山鉾巡行関係図

ある。明応九年の山鉾三六基と平成二十六年（二〇一四）の三三基（他に休み山二基）を比べてみると、山鉾のテーマならびに山鉾町の場所がほぼ重なりあっている（表9―2）。したがって、現代まで引き継がれている山鉾のあり方は、ちょうど戦国期のころから確立されてきたといえる。

さらに、明応九年および現代の山鉾町の位置が、戦国期の下京市街地の範囲に重なっていることも見のがせない（図9―2）。すなわち、応仁の乱後に都市として残った地域の民衆が、今に至るまで山鉾巡行を支えてきたのである。戦国期以降の祇園会は、下京の市街地という地域に密着した祭になったといえよう。なお、他に山鉾巡行の順番を鬮によって決めるようになったことも特筆される。

明応九年の神輿渡御と犬神人

一方、『祇園会山鉾事』によると、当時の神輿渡御に供奉した渡物として、犬神人《いぬじにん》・師子《しし》（獅子舞）・神子《みこ》（巫女）などがあげられている。その他に田楽や王の舞なども復活したらしいが(6)、これらの多くは、もっぱら経済的な問題からすぐに消えてしまったようである。しかし、そのなかで犬神人の供奉だけは後世に長く引き継がれた。

図9―3　祇園祭・弓矢町の武具飾

犬神人とは、中世祇園社に属していた身分の低い神人である。もともと清水坂《きよみずざか》の一角、現在の東山区松原通大和大路《やまとおおじ》弓矢町《ゆみやちょう》付近に住んで祇園社の雑役などに従事していたが、「弦召《つるめそ》」とも呼ばれていたように、弓矢製造にもたずさわった。そして、祇園会のさいには神輿渡御の先頭に立って、道中の警固や不浄物を清掃する役目を担っていたのである。十六世紀の絵画史料、『洛中洛外図屏風』に描かれた祇園会の光景において、白い頭巾に柿色の衣をまとい、手に棒をもって歩く風変わりな者たちが犬神人である。彼らがいつから神輿渡御を先導するようになったのかは明らかでないが、南北朝期の文和《ぶんわ》二年（一三五三）には、彼らがそのような役割をはたし

ていたことが確認される。(7)

近世江戸期に入ると、犬神人という身分はなくなる。しかし、彼らが住んでいた弓矢町の町人たちが、以前からの伝統を受け継いで、武具甲冑姿で祇園祭の神輿渡御に供奉するようになった。昭和四十九年（一九七四）、諸般の事情でこの風習は中断されたが、そのおりに装備していた鎧兜《よろいかぶと》は弓矢町に保管されており、七月十六日と十七日、すなわち祇園祭前祭にあわせて、町会所の「弓箭閣《きゅうせんかく》」を中心に町内あちこちの家で武具飾が行われている（図9―3）。この武具飾も、中世祇園会のなごりといえる貴重な行事なので、ぜひ一見をおすすめしたい。

三　戦国期の祇園会――「冬の祇園会」とその終焉

くりかえされる延引と追行

戦国期においては、現代につながる祇園祭の基本的な様式が確立されていく一方で、当時と今とではまったく異なる事情もあった。すなわち、室町幕府と山門との駆け引きなどに翻弄され、山訴によって祇園会が延引・追行されるという事態が、前代から引き続きくりかえされていたのである。

とくに祇園会執行にも強い指導力を発揮していた細川政元が、みずからの家督相続争いに巻き込まれて暗殺された永正《えいしょう》四年（一五〇七）以降は、不安定な傾向がひどくなった。河内氏の調査によれば、永正五年から元亀《げんき》二年（一五七一）までの六四年間のうち、祇園会の延引はわかっているだけで二七回、さらにそのうち一二回は冬の執行であった。永正八年（一五一一）にいたっては、ついに当年中の祭礼は行われず、翌年の五月二十三日に追行されるという前代未聞の異常事態になってしまう(8)。ちなみに、永正九年の祇園会も式日通りに行われたから、この年は一年に二回の祭が実施されたことになる。

天文二年の顚末

しかし、このような迷走がくりかえされるなかでも、ある新しい動きが記録に現れてくることには注意したい。本節では、天文《てんぶん》二年（一五三三）の祇園会延引の顚末を追っていきながら、その動きを考えてみよう。

『祇園社記』および『祇園執行日記』によれば、まず同年五月二十二日、室町幕府第十二代将軍、足利義晴《よしはる》の命令が祇園社に届く。その内容は、「今年の祇園会は、日吉社の祭礼がなくとも、明応九年（一五〇〇）などの先例にまかせて六月の式日に実施せよ」というものであった。当年も山訴によって日吉祭が延引されていたが、それにもかかわらず祇園会は執り行えというのだから、この時点では義晴の強い意向があったのであろう。

ところが、天文二年の場合は、明応九年のようにはいかなかった。幕府の姿勢に対して山門大衆側が猛反発し、六月六日、つまり祭の前日になって祇園社に使者を寄越《よこ》したうえで、もし明日に祭礼を執り行えば軍勢を発向すると強硬に申し入れてきたのである。先にも述べたとおり、中世山門の軍事力は強大であったことに加え、そもそも当時の将軍、義晴が京都におらず、戦乱を避けて近江国桑実寺《くわのみでら》（現滋賀県近江八幡市安土町《おうみはちまんあづちちょう》）に滞在していた。これだけとってみても幕府権力の弱体化は明らかであり、山門と対峙《たいじ》するには少々力不足であったろう。

ふるえあがった祇園社側が右往左往するうち、当日の夕方になって再び義晴の命令が届く。そこには「明日の祇園会は（山門の申し入れを検討した結果として）ひとまず延引せよ」とあった。おそらく山門は、近江の将軍に対しても強い抗議をしたのであろう。その結果として、当初の義晴の意気込みも腰砕けになってしまい、山門に屈する形で、当年の祇園会延引を命じざるをえなくなったようである。幕府と山門の間で板挟みになっていた祇園社も、これで一安心となった。ところが、ここで意外な人々が登場する。

すなわち翌六月七日朝、下京六六町の月行事《がちぎょうじ》（月交代の町の役人）らが祇園社にやって来て、「神事これなくとも、山ホコ渡したき」という有名な申し入れをしたのである。神輿渡御などの神事がなくとも山鉾は渡したいという、申し入れの文言からは、当時の下京では、都市の一般民衆が地縁共同体である町を築き上げ、町を通じて祇園会に山や鉾を調進・奉納し、それゆえ山鉾巡行を自分たちの祭と考えていたことなどが明らかになる。そしてこのような実態が、現在の山鉾町に直接引き継がれていることはまちがいない。さらに彼らの言葉からは、戦乱が続く困難な時代にあっても、自分たちが築き上げた地縁共同体の結束を通じて、さまざまな問題に対処していこうとする気概も感じられるのではないだろうか。

ただ、「神事これなくとも、山ホコ渡したき」という彼らの要望は、かなわなかったようである。なぜならば、当年八月十二日に祇園会が追行されており[9]、このときに山鉾も一緒に巡行したと推定されるためである。が、いずれにしても現代と同じ山鉾の担い手とその肉声が、史料のうえで登場してきたことは、祇園会の歴史のなかでは画期的といえよう。

「冬の祇園会」の終焉

さて、戦国期の祇園会は、室町幕府と山門の対立などから延引と追行がくりかえされていたわけであるが、この不安定な事態は元亀二年（一五七一）を境に急変し、翌年以降の祇園会は式日通りに行われるようになった。なぜか。いうまでもなくこの年の九月十二日、天下統一をめざす織田信長が、反抗する山門を徹底的に焼き討ちにした結果、延暦寺も日吉社も一時的に壊滅してしまったからである[10]。本社が消えてなくなった以上、末社の祭は、本社と関係なく執行することが可能になったのである。

かつては雪降るなかで行われることもあった中世の「冬の祇園会」は、近世安土桃山期を目前に控えた元亀三年以降、完全に過去のものになった。いってみればその終焉は、時代が中世から近世へと大きく転換していくなかでの、象徴的な出来事ともいえよう。

四　上下御霊神社と御霊祭——京都御所の氏神

御霊社と御霊祭

十六世紀の戦国期において、祇園会と並んで都を代表する祭が御霊祭であった。それはたとえば、当時の京都の景観や風俗を詳細に描いた『洛中洛外図屏風』の上杉本や国立歴史民俗博物館所蔵乙本（歴博乙本）では、下京の祇園会と上京の御霊祭が対になるように描かれている点からもわかる。文献史料における記述などからも、祇園会と御霊祭とが、戦国期京都の二大祭礼であったことはまちがいない。

御霊祭とは、文字通り上下御霊社（上下御霊神社）の祭礼である。ところがこの御霊祭は、祇園会などと比べて実態がよくわかっておらず、研究も進んでこなかった。その理由としては、良質な史料の不足もさることながら、神社が上下に分かれていて、それぞれの祭礼も別々かつ同時に行われてきているため、相互の関係性はもちろん、そもそも史料上の「御霊祭」や「御霊社」といった記述がどちらをさしているのか見きわめるのもむずかしいことがある。本書では、そのような史料的限界を踏まえながら、神社および祭の歴史や特徴を解説していきたい。

現在の上下御霊神社の主祭神は、ともに八所御霊神《はっしょごりょう》、すなわち政争に敗れて非業の死を遂げ、疫病などの災厄をひきおこす怨霊（御霊神）になったとされる人物たちである（表3―2、ただし上下で個別の祭神は異なっている)。したがって、御霊信仰に基づいて創祀された神社ではあるが、もともとは上下の出雲寺という寺院(ともに現存しない)の鎮守であったと考えられている。(11)

また、創祀以来、上御霊神社は現在の鎮座地から動いていないが、第二章でも述べたとおり、下御霊神社は現在地に鎮座するまで二回移転している。それらの氏子区域は、上御霊がおおむね東の賀茂川、南の出水通、西の堀川通(一条より北は小川通)に囲まれた範囲であり、下御霊が東の鴨川、南の二条通、西の堀川通、北の出水通に囲まれた範囲と、鴨川東岸の「二條川東新地」(現在の左京区南部)といわれる地域である(『覚書』、図9―4)。なお、「二條川東新地」は、宝永《ほうえい》五年(一七〇八)の大火災、「宝永大火」の後に、現在の京都御苑南側にあった町々が移転してできた市街地である。

上下の御霊社とも創祀された時期ははっきりとしないが、出雲寺の記録であれば、『古今和歌集』や『日本紀略《にほんきりやく》』といった十世紀の史料に出てくる。そこで御霊会が催されていたことは、長和四年(一〇一五)八月の『小右記』の記述(表3―1)から明らかであろう。御霊祭は、この出雲寺御霊会を起源とする祭である。ただ、名前が同じなのでまぎらわしいが、御霊会と御霊祭は別の行事と考えておいたほうがいいだろう。

現在の上御霊祭は五月十八日、下御霊祭は同日に近い日曜日に還幸祭が執り行われ、両祭礼とも剣鉾などに供奉された神輿が氏子区域を巡幸している。今の両社には御旅所がないため、

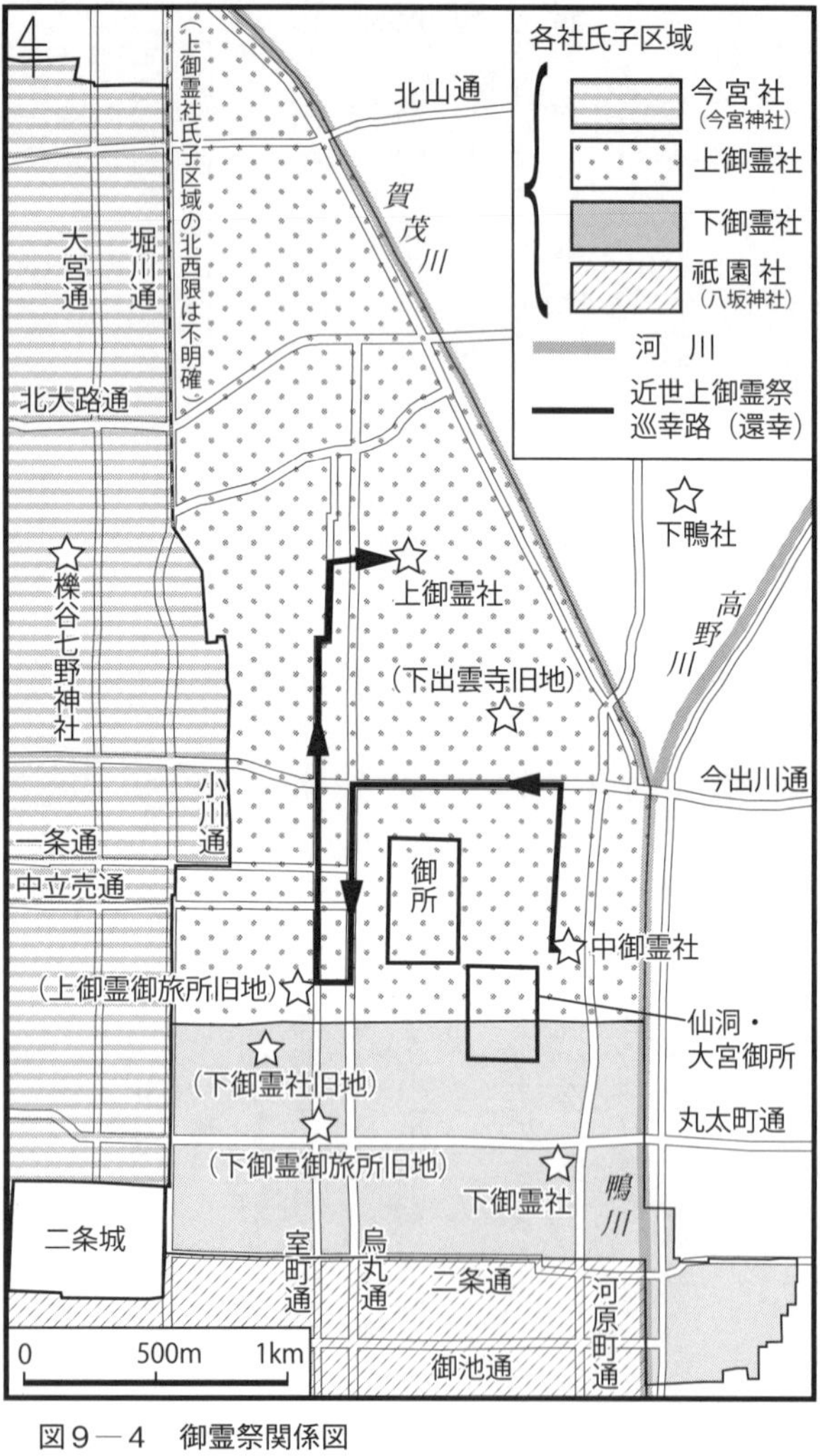
各社氏子区域
今宮社
(今宮神社)
上御霊社
下御霊社
祇園社
(八坂神社)
河川
近世上御霊祭
巡幸路(還幸)
北山通
賀茂川
(上御霊社氏子区域の北西限は不明確)
大宮通
堀川通
北大路通
櫟谷七野神社
上御霊社
下鴨社
高野川
(下出雲寺旧地)
今出川通
小川通
一条通
中立売通
御所
中御霊社
(上御霊御旅所旧地)
仙洞・
大宮御所
(下御霊社旧地)
丸太町通
(下御霊御旅所旧地)
下御霊社
鴨川
二条城
室町通
烏丸通
二条通
河原町通
御池通
0
500m
1km

図9—4　御霊祭関係図

神幸祭の神輿渡御は行われないが、上御霊では、明治のはじめまで現在の上京区寺町通広小路上ル中御霊町《なかごりょうちょう》に「中御霊社」と呼ばれる御旅所があり、中御霊社は十七世紀のなかばごろまで下御霊の御旅所も兼ねていた。[12] 近世江戸期までは、両祭ともに七月十八日が神幸祭、八月十八日が還幸祭であり、両日神輿が巡幸していた。

中世の御霊祭

さて、当初の出雲寺御霊会が仏教的な色彩を脱して、都市における祭礼、すなわち御霊祭として毎年行われるようになるのは、十三世紀鎌倉期のころである。たとえば寛喜元年（一二二九）八月十八日の藤原定家による記録には、次のようにある。

今日御霊の祭と称し、上辺の下人経営す、金銀錦繡を着して今出川（一条大路と烏丸小路ないし東洞院大路との交差付近から北を流れていた小河川）を渡る。

（『明月記』）

ここで重要なことは、当祭の主たる担い手が「上辺の下人」、すなわち上京の一般民衆だと明記している点であろう。というのは、これまで説明してきた他の主要祭礼（賀茂・松尾・稲荷・祇園・北野・今宮）と違って、初期の御霊祭には、朝廷が勅使を派遣して幣帛を献じたり、貴族層が馬長を調進・奉納したりしたような形跡がまったくうかがえないからである。つまり、初期の御霊社と御霊祭は、平安京という都市に住む一般民衆が、朝廷や貴族層による関与なく、独自に育て上げた信仰と祭礼であるといえる。

しかし、当時から盛大に執り行われていたらしく、たとえば後鳥羽《ごとば》上皇や亀山《かめやま》法皇、それに歴代足利将軍らが御霊祭を見物したという記録が残っている。さらに、室町期には多くの鉾が出されて人気を集めていたことは、先に第八章で述べたとおりである。

その後、他の京都の祭と同じく、応仁の乱によって中断に追い込まれた御霊祭であったが、明応七年（一四九八）八月になって復興を遂げた。(13) しかし、当時は御旅所周辺が乱の影響で荒廃していたため、前月の神幸祭は行われず、八月十八日の未刻《ひつじのこく》（昼過ぎ）に神輿が御旅所に渡御してきて、その日の酉刻《とりのこく》（夕方）には本社へ還御してしまうというあわただしさであった。

ただこのとき、乱前にあった鉾も同時に復活し、神輿渡御に供奉していたことは注目に値しよう。なぜならば、室町期の主要祭礼において盛んに出されていた鉾が、乱後の戦国期にも引き継がれた事例は、祇園会と御霊祭しか確認ができないからである。そして、この戦国期御霊祭における鉾が、やがて京都の祭の新しい花形となる渡物、剣鉾に引き継がれていくと推定されるのである。その詳細については、次節で述べることにしよう。

御所の氏神へ

ところで、戦国期以降の上下御霊社についていては、もう一つ見過ごせない特徴がある。それは、天皇の在所である御所の守り神、すなわち氏神（産土神）とみなされ、歴代天皇および朝廷から格別の尊崇を受けたことである。

図9―5　京都御所朔平門前における上御霊祭神輿

平安京における本来の御所は、大内裏の一部を占める内裏（現上京区下立売通浄福寺付近）であったが、平安中期以降は次第に荒廃していき、かわりに貴族の邸宅を「里内裏」として用いるようになった。そして元弘元年（一三三一）九月、光厳《こうごん》天皇の里内裏が土御門《つちみかど》東洞院殿に定められて以降、そこが長い間御所として定着した。すなわち現在の京都御所である。

この京都御所が設けられた場所は、上御霊社の氏子区域内にあたるため、中世後期になると上御霊社が御所の氏神として崇敬を受けるようになったようである。その過程については史料が乏しいので判然としないが、十五世紀後半には朝廷内で御霊祭を祝っており、[14] 後の元和《げんな》七年（一六二一）八月の上御霊

祭でも、神輿などの渡物が御所北門より参内して、時の後水尾《ごみずのお》天皇が御車寄で見物をしたという。(15)

しかし、上御霊社だけが御所の氏神とみなされていたのではない。明暦《めいれき》四年（一六五八）の『京童《きょうわらべ》』における下御霊社の説明では、「かたじけなくも此御神は、やんごとなき御かたもまた御氏子にもたせおはしします也」と明記され、さらに祭のさいには、「たいり南門のうちまで神輿をふりたてまつるなり」と内裏門前での「神輿振り」（神輿を差し上げ、激しく揺らす行為）が行われるなど、下御霊社も御所の氏神として格別な扱いを受けていることがわかる。

以上の背景として、もともとの上下御霊社は確かに社殿も祭も別々であったものの、中近世の氏子には、両社あわせて信仰しなければならないという意識が浸透していた点に注意したい。なぜならば、戦国期の公家《くげ》の日記には、祭の式日や誕生日に上下両社へ『般若心経』を奉納したり、参詣したりした記録が数多くあるためである。(16)

したがって、上御霊社だけでなく、下御霊社も一緒に御所の氏神として崇敬されたのは、おそらく両社を一体とみなすような信仰が広範囲にあったためであろう。いずれにしても、当初は朝廷や貴族層とはまったく無縁の存在であった御霊社が、御所の氏神へと転換していった事実はたいへん興味深い。

現在の上御霊祭では、神輿などが氏子区域内を渡御するにあたって、一日では全域を巡りきれないので、区域を南北に分けてそれぞれを隔年で巡幸している。が、いずれの年でも当日の夕方になると、必ず京都御苑北側の今出川御門から三基の神輿が苑内に入り、京都御所北門にあたる朔平門《さくへいもん》前で豪快な「神輿振り」を披露する。まさに御所を守護する氏神の祭にふさわしい光景といえるのではないだろうか（図9—5）。

また、残念ながら、今の下御霊祭では神輿が御苑内に入る伝統は廃れているが、下御霊神社の本殿は、寛政《かんせい》三年（一七九二）に仮皇居の内侍所仮殿を下賜されて移設したものとして知られている。これも御所の氏神とされてきた由縁であろう。

図9—6　16世紀御霊祭における剣鉾
（上杉本『洛中洛外図屏風』米沢市上杉博物館提供）

五　剣鉾の誕生——京都の祭のシンボル

剣鉾のあらまし

十六世紀戦国期の京都における景観や風俗のありさまを、現代にまざまざとよみがえらせてくれる絵画史料、『洛中洛外図屏風』——そのうちの上杉本や歴博乙本では、上京の御霊祭が下京の祇園会と対になるように描かれていることは先にも述べた。ここで注目したいのは、御霊祭の神輿を先導している、一風変わった形の鉾である。これこそが剣鉾と呼ばれ、現在でも京都の多くの祭に出される特殊祭具が史料に登場する、最初なのである（図9―6）。

剣鉾とは、武器であった元来の鉾から進化した祭具と推定され、形態的には真鍮《しんちゅう》で作られた先端部分（剣先）が薄く、左右が菱形《ひしがた》に張った剣の形状をし、その下に金属製の透かし錺《かざり》をつけて、さらに「鈴《りん》」と呼ばれる小さな釣鐘を吊り下げていることなどが特徴である。通常は透かし錺のデザインによって、それぞれに「扇鉾」「菊鉾」「龍鉾」などといった名前がつけられている。

現在の京都市内において、剣鉾が出される祭はおよそ五〇あまりあり、市街地にも農山村部にもかたよりなくあるので、剣鉾は京都の祭を代表するシンボル的な祭具といってよい。本書

図9―7　下御霊祭における剣鉾

でとりあげた主要神社であれば、瑞饋祭、上下の御霊祭（図9—7）、今宮祭の四祭礼でも剣鉾が調進されている。

京都の剣鉾の総本数は約三〇〇本——その大半は十七世紀から十九世紀、つまり近世江戸期から近代明治期にかけて作られたものであって、制作年代が下るほど、剣先が長くなる傾向にある。また、各神社氏子区域の町単位ないし集落単位で守護されていることが多いが、講中（有志）が守護している事例などもある。

図9—8　御崎祭における「ほこ」

さらに京都以外では、近隣の丹波・丹後《たんご》（現京都府北部）、近江（現滋賀県）などに多く分布しているほか、熊本県人吉《ひとよし》市、青井阿蘇《あおいあそ》神社のおくんち祭「ちりん旗」や、佐多《さた》岬の突端、鹿児島県肝属《きもつき》郡南《みなみ》大隅町《おおすみちょう》、御崎《みさき》神社の御崎祭（図9—8）のように、思いもかけぬ地域に見出される場合もある。後者は、地元の誰かが京都の祭を見て、直接取り入れたのであろうか。興味をそそる事実である。

剣鉾の分類

さて、剣鉾が祭に出されるさいの形式としては、①長い棹《さお》（長柄）を装着し、人がもって真上に向けて差しながら神輿渡御を先導・巡行する場合（「差し鉾」「鉾差し」などと呼ばれる）、②祇園祭の舁山のような台車や軽トラックなどに乗せられて巡行する場合（「荷《にな》い鉾」「舁き鉾」など）、③町内の家や会所などに飾られる場合（「留守鉾」）などがある。

このうち見ごたえがある花形的出し物は、やはり①の「差し鉾」であろう（口絵および図9―7）。剣鉾全体が天高くそびえ、差し手が歩みを進めるたびに剣先が撓《しな》ったり光ったりする。通常は棹の上部に「吹散《ふきちり》」あるいは「見送り」と呼ばれる立派な織物がつけられて風になびき、(17)「鈴」が鳴り響く甲高い音も印象深い。その力強い姿と巧みな技は、ぜひ一度見てほしい京都の祭の光景である。ちなみに、先の『洛中洛外図屛風』に描かれている剣鉾も「差し鉾」であった。

「鉾差し」のやり方は、大きく二つに分類される。一つは、現在の東山区粟田口鍛冶町の粟田神社や左京区一乗寺松原町の八大神社など、東山の麓に点在するいくつかの神社を拠点として、それらの氏子たちが中心になって行われている、比較的洗練された差し方である。東山の差し手グループは相互に交流があり、差し方もおおむね統一されている。彼らが依頼されて、本拠地とは別の神社の祭（下御霊や西院春日など）に出向き、そこの剣鉾を差すケースも多い。

もう一つは、東山以外の祭における差し方である。右京区における愛宕《あたご》神社（嵯峨愛宕町《さがあたごちょう》）・

野々宮《ののみや》神社（嵯峨野々《のの》宮町《みやちょう》）両社の嵯峨祭、平岡《ひらおか》八幡宮（梅《うめ》ケ《が》畑宮《はたみや》ノ口町《くちちょう》）の秋祭、山国《やまぐに》神社（京北鳥居《けいほくとりい》町宮《ちょうみや》ノ元《もと》）の山国祭、左京区における鞍馬由岐神社の火祭など洛西や洛北の祭に多い。京都ではないが、滋賀県大津市大江《おおえ》の若松《わかまつ》神社春祭における「鉾振り」という行事も、「鉾差し」の一種である。

これらの祭では、各神社の氏子から差し手が選ばれて練習をし、祭礼当日に剣鉾を差すが、相互の交流はまったくないので、個性的な差し方も多い。たとえば鞍馬の火祭では、「四本鉾」と呼ばれる特殊な剣鉾が差されている（図9―9）。大松明《おおたいまつ》で有名な火祭であるが、祭の中心的な祭具は剣鉾なのである。各祭における差し方の違いも面白いので、できるだけ多くの祭の見学をおすすめしたい。

図9―9　鞍馬火祭における剣鉾

剣鉾の歴史

ところで、祭礼に出される剣鉾が史料に登場する記録は、『洛中洛外図屏風』上杉本における御霊祭の光景が最初であるが、同本は永禄《えいろく》八年（一五六五）、狩野永徳《かのうえいとく》によって描かれたものである。[18] そこに描かれている景観がいつごろのものなのかという点については議論があるものの、ひとまず十六世紀なかばと見てよいであろう。となると剣鉾は、十六世紀なかばの御霊祭において出されていたことはまちがいない。

そして、現在の上下御霊祭ともに剣鉾が数多く出され、それらのいくつかは、室町期以前に歴代天皇から下賜されたという伝承ももっている。また、下御霊祭では東山系の「鉾差し」が行われており、その様子は『洛中洛外図屛風』の描写そのものである。

以上の点から、剣鉾とは、室町期から出されて戦国期にも引き継がれていた御霊祭の鉾が独自の進化を遂げた結果、十六世紀前半のころに誕生したと推定されよう[19]。しかし、残念ながら当時の文献史料には祭礼の鉾の記録が乏しく、この推定の裏づけをとることはなかなかむずかしい。当時の絵画史料では、明らかに御霊祭の剣鉾が確認されながら、文献史料で裏づけがとれない理由は謎である。

ただ、わずかに永正八年（一五一一）七月の御霊祭において、鉾が一本渡ったという記録が注目される[20]。室町期では五〇余本、明応七年（一四九八）の復興時でも一〇本あった鉾が、当年は一本にまで減少してしまったのである。しかし、それでもなお特記された理由は、たとえ一本でも注目を集める、珍しい出し物だったからであろう。したがってこの記録は、当時の鉾が、独特な形態や差し方をともなう剣鉾へ変化していたことを暗示しているのではないだろうか。

剣鉾の起源についてはまだまだわからない部分が残っているが、十六世紀戦国期の京都では、下京祇園会の山鉾とともに、上京御霊祭の剣鉾が人気を博していたことは確かである。つまり、両祭においては、たびかさなる戦乱にもかかわらず、室町期以前からの鉾が独自の変化を遂げて継承されていたといえる。そしてこの事実は、京都という都市の中核的機能を一貫して担った地域である下京と上京の、強靭《きょうじん》な経済力と文化的創造力とを示唆するものでもあろう。

剣鉾と「山鉾」

最後に、剣鉾が祭に出される目的についてもふれておこう。祭における剣鉾の役割については、これまで祇園祭の「山鉾」との共通性が指摘されてきた。たとえば出雲路敬直氏は、剣鉾は「山鉾」の原形であるとし、さらに山路興造氏も、現代の「差し鉾」において、剣先が金色にキラキラと光り輝いて前後に撓る理由は、山鉾巡行と同じく疫神を集め回る依り代の意味であることを強調している(21)。

確かに剣鉾も「山鉾」も、町単位で守護されて、祭に出されるといった共通点はある。しかし十五世紀初頭には誕生していた「山鉾」の原形を、十六世紀なかばまで確認できない剣鉾に求めるのは、少々無理があるように思われる。また、剣鉾の剣先が金色に輝き、弾力性に富むという特徴は、銅と亜鉛の合金である真鍮を用いているからであるが、日本において真鍮が広く一般に普及するのは、十七世紀のころと考えられている(22)。すると、剣鉾の剣先が輝いたり撓ったりしたのは近世以降ということになり、ここまで時代が下ってから疫神を集め回る行事が発生したのだろうかという疑問がある。

さらには、現在の「差し鉾」や「荷い鉾」が氏子区域を巡るにあたり、何らかの明確な意図をもって、神輿渡御とは別の行事として実施されている事例もほとんどないようである(23)。この点からも山鉾巡行との共通性は見出しにくい。

筆者は、剣鉾を無理に「山鉾」と結びつけるのではなく、両者とも元来の鉾が別々に進化して生まれた祭具と考えている。そのうえで剣鉾については、元来の武器としての鉾が神輿渡御に供奉し、警固や悪霊を祓いながらの先導といった役割をはたすうちに風流が凝らされて、現在に至る特殊な形態や差し方に進化していったと見るほうが自然な解釈であるように思われる。つまり、仮に疫神対策という見方をするのならば、剣鉾は疫神を集めて回るのではなく、強力な武器を用いて祓い浄める役割を担っていると考えておきたい(24)。いずれにしても剣鉾の研究は、まだまだこれからである。

伏見の花傘総参宮

なお、剣鉾とは関係ないが、京都の祭のなかでもう一つ変わった出し物の出る祭が、伏見区御香宮門前町《ごこうぐうもんぜんちょう》の御香宮《ごこうのみや》神社「花傘総参宮」である。御香宮神社は、神功皇后を主祭神とする伏見市街地の氏神であって、十月上旬に行われる神幸祭の宵宮には、伏見の氏子たちがさまざまな花傘をこしらえて街にくりだし、御香宮神社まで出向いて賑やかに奉納する。これが花傘総参宮である。カラフルな花傘は、大人が数人で担ぐ巨大なものから、幼児でももてるかわいらしいものまであって、大人から子供まで一体になって楽しめる点が特徴といえよう（図9—10）。

図9—10　御香宮神社神幸祭・花傘総参宮

このように多数の花傘がくりだす行事は、いつごろから始まったのであろうか。古い史料では、応永二十三年（一四一六）九月の同祭に巨大な「風流笠」が出されたという記録があるものの、[25] それが現代まで継承されてきたのかどうかはよくわからない。しかし、他の祭にはない花傘の独自性には、「自分たちは他の京都の町とは違うぞ」といった、伏見の人々の心意気が感じられるのではないだろうか。

六　北野天満宮・瑞饋祭の成立

安土桃山期の京都

元亀四年（一五七三）七月、織田信長は室町幕府

最後の第十五代将軍、足利義昭《よしあき》を都から追放した。この事実上の幕府滅亡をもって中世の戦国期は終了し、近世の安土桃山期が始まる。さらに、信長の跡を継いだ豊臣秀吉によって天下が統一されたことで、京都でも人口が増加し、市街地が拡張していった[26]。

この時代、秀吉は大規模な京都の都市改造を行っているが、そのさい、おそらく洛中市街地の土地捻出のためにいくつかの神社や御旅所を移転させている。本書でとりあげた神社であれば、下御霊の本社および稲荷・祇園・上下御霊の御旅所がその対象となり、移転した先の鎮座地が今日まで引き継がれている。

瑞饋祭のあらまし

一方、応仁の乱以降、氏子たちが担う祭が途絶えていた北野社(北野天満宮)では、安土桃山期のころから、現代まで続く大規模な祭礼、瑞饋祭が生まれてくる。ここでは瑞饋祭の特徴と成立の経緯などを考えてみよう。

現在の瑞饋祭は、十月一日の昼過ぎ、三基の神輿が剣鉾などに供奉されて天満宮を出御し、氏子区域を巡って御旅所(中京区妙心《みょうしん》寺《じ》道《みち》佐《さ》井《い》西入ル西《にし》ノ京《きょう》御輿《みこし》ケ《が》岡町《おかちょう》)に着御する(神幸祭)。駐輦中の御旅所では、「甲御供」献饌《けんせん》などいくつかの神事が行われた後、四日昼過ぎに神輿が本社へと還御する(還幸祭)。

しかし、この祭では、通常の祭礼行列とは別に「ずいき神輿」という珍しい出し物が出されることで有名である。祭の名前の由来ともなった「ずいき神輿」とは、屋根を芋茎《ずいき》（里芋の茎）で葺《ふ》き、各部を色鮮やかな野菜などで丹念に美しく飾り付けた神輿である。現在は、「西ノ京」と呼ばれる中京区西部地域に在住する瑞饋神輿保存会の人々によって作られ、祭にあわせて御旅所に安置された後、還幸祭の日に（神社の神輿とは別に）氏子区域を巡っている（図9—11）。

図9—11　北野天満宮瑞饋祭・ずいき神輿

「ずいき神輿」の特徴は、形は神輿そのものでありながら、神霊が遷されることはないという点である。なぜならば、同神輿はもともと「西京神人」が祭で供えていた神饌であり、慶長十二年（一六〇七）になってはじめて神輿の型を作り、そこに野菜などを盛りつけたものだからだとする[27]。すなわち、「ずいき神輿」は本質的に神霊の乗り物ではなく、大型の神饌の一種なのである。また、多くの農産物を用いる点から、初期の瑞饋祭には近郊農村の祭という性格が強かったこともわかる。いろいろな意味で、他の京都の主要祭礼には見られない、貴重な出し物といえよう。

瑞饋祭の歴史

しかし、慶長十二年から「ずいき神輿」作りが始まったとする伝承を、同時代の史料から実証することはむずかしい。瑞饋祭と思われる祭が確実に史料に登場するのは、おそらく天正四年（一五七六）九月四日、洛西に出向いた公家の山科言継《やましなときつぐ》が、その途中で「今日、北野祭云々」と記した記録からと思われる（『言継卿記《ときつぐきょうき》』）。ここでの「北野祭」とは、日取りなどの点から、室町期までの北野祭とは異なる、新しい祭であったろう。その後の十七世紀でも毎年同じ祭が行われていたが、(28)残念ながらその具体的な様子はわからない。

注目すべき点は、当時の北野社側に残された史料には、九月四日の祭の記録があまり現れないことである。したがって、近世の「北野祭」（瑞饋祭）とは、氏子の民衆が、神社と関係なく独自に催していたと見てまちがいない。北野社側の史料にこの祭が目立ってくるのは十七世紀末からであり、とくに宝永三年（一七〇六）九月の記録には、「西京」の祭礼に「少キ御輿ヲ拵《こしら》え」とあるので、このころまでには「ずいき神輿」が出されていたのであろう（『北野天満宮史料』「宮司記録」）。

以上の史料から見るかぎり、瑞饋祭は十六世紀の後半、当時は農村地域であった西ノ京の氏子たちが自主的に始めたものであり、「ずいき神輿」も、彼ら独自の創意工夫によって作られたと推定される。さらに、このような祭に、本社側の神輿渡御なども加わって現在のように整備されたのは、明治になってからのことである。

なお、「ずいき神輿」は、北野天満宮のほかに滋賀県野洲《やす》市の御上《みかみ》神社、京都府京田辺市の棚倉孫《たなくらひこ》神社などの祭にも見られる。これら相互の関係は明らかでないが、いずれも秋の収穫期に行われることが特徴である。

終章　近世から近代、そして現代へ

一　近世江戸期の京都における祭

葵祭の勅使奉幣と祇園祭の宵山

前章まで京都における神社と祭の歴史や特徴を、主に平安期から十六世紀の安土桃山期まで述べてきた。ここまででだいたい、現代京都に継承されている神社の神々への信仰や祭の形式・内容が確立されたと考えてよいであろう。その後、十七世紀から十九世紀なかばまでの江戸期において、京都の主要な祭に関して特記すべきことは二点ある。

第一には、元禄七年（一六九四）、それまで約二世紀の間中断されていた葵祭、勅使奉幣の再興である。江戸幕府第五代将軍、徳川綱吉《とくがわつなよし》が文治政治を推進していたこの時代は、中世の戦乱で中断された朝廷の儀式などを復活させようとする動きが盛んであり、下上賀茂社神職の積極的な働きかけもあって、一連の勅使奉幣行事は幕府による経費負担で再興された。このときの葵祭が、おおむね今日まで引き継がれているのである。なお、当時は徳川家の家紋が三つ葉葵であったため、葵祭に先立って神社から双葉葵が将軍家に献上される行事などもあった(1)。

第二は、祇園祭における宵山の成立である。山鉾巡行の前夜、各山鉾町では提灯を将棋駒の形に並べてともし(駒形提灯)、古い町家では通に面して屏風などを飾る(屏風飾り)。そして、「山鉾」や「曳山」の上から囃子方が祇園囃子を奏でるなか、多数の見物客が夜の山鉾町をそぞろ歩く。このような宵山は、祇園祭のなかで最も人出が多い行事であるが、そのはじまりは十八世紀前半のころであった(2)。神輿渡御や山鉾巡行に比べて、宵山の歴史はかなり新しいのである。

なお、山鉾を飾る懸装品のうち、鶏鉾・霰天神山・白楽天山《はくらくてんやま》・鯉山《こいやま》が保有している、トロイア戦争が主題のタペストリー(綴織《つづれおり》)は、十六世紀のベルギーで製作されたたいへん珍しいものである。これらは慶長十八年(一六一三)、当時の仙台藩から派遣された支倉常長《はせくらつねなが》の遣欧使節が欧州から持ち帰り、その後十八世紀になって京都の町人らが入手したといわれる。入手された経緯などはわかっていないが、数奇な運命をたどってきた品々であることはまちがいない。

江戸期の京都四大祭礼

ところで、近世江戸期における代表的な祭とは何であったろうか。太平の世が続いたことで、京都ではいずれの祭も盛大に行われていたが、そのうち祇園・御霊・今宮・稲荷の各祭が四大祭礼であったようだ。

なぜならば明治三年（一八七〇）、これらは「市中の大祭」という理由で、式日が当時の京都府の祝祭日に定められているからである。(3) すなわち、戦国期の二大祭礼であった祇園・御霊に加え、西陣の発展に支えられた今宮、そして十七世紀以降には、松原通（旧五条大路）以南の稲荷氏子区域も、室町期以前のように再び市街地となったことで（図1—5）、当地の氏子たちが担う稲荷祭が、かつてと同じく京都を代表する祭の一つになったと推測されよう。

二　近代明治期の神社と祭——平安神宮・時代祭を中心に

明治期の神社

慶応四年（明治元年、一八六八）の明治維新を経て、京都は都の地位を東京に譲った。これにともなって衰退の危機に直面した京都では、引き続き近代的な大都市でありつづけるために独自の模索が続けられた。主な都市開発プロジェクトとしては、新たな繁華街創出のために寺町通東側への新京極通《しんきょうごくどおり》新設（明治五年）、電力および飲料水確保のための琵琶湖疏水《びわこそすい》開削（明治二十三年）、日本初の路面電車開通（明治二十八年）などがあげられよう。

一方、神社や祭に関しては、明治以降、全国的に国家による統制が強められたことも重要である。京都でも、たとえば神仏分離政策の影響は、八坂神社における祭神名（牛頭天王から素戔嗚命へ）・神社名（祇園社から八坂神社へ）の変更などに現れている。

こういった事情を背景にして、明治期における京都の神社に関する最大の変化とは、国家主導による新しい神社群の創祀であった。(4) たとえば、かつて流罪となり、その地で崩御した崇徳天皇と淳仁《じゅんにん》天皇の神霊を迎えて祀った白峯《しらみね》神宮（上京区今出川通堀川東入ル飛鳥井町《あすかいちょう》）、維新の動乱のなかで命を落とした勤王の志士や官軍の兵士たちを慰霊する目的で創建された京都霊《りょう》山《ぜん》護国《ごこく》神社（東山区清閑寺《せいかんじ》霊山町《りょうざんちょう》）などがあげられる。

平安神宮と時代祭

しかし、明治期に創祀された神社のなかで最も規模が大きく、著名なのは平安神宮（左京区岡崎西天王町《おかざきにしてんのうちょう》）であろう。平安神宮は、平安遷都を実施した桓武天皇と、京都で生涯を終えた最後の天皇である孝明《こうめい》天皇を祀っている。もともと遷都一一〇〇年記念行事の一つとして計画され、明治二十八年（一八九五）、すなわち遷都翌年の延暦十四年（七九五）に平安宮大極殿《だいごくでん》で最初の「朝賀《ちょうが》の儀」（正月元旦に、天皇が文武百官から拝賀を受ける儀式）が行われてから一一〇〇年後に創建された。その主要な社殿は、平安宮の正庁、朝堂院の建物を八分の五の大きさに縮小して復元されている。たとえば外拝殿《げはいでん》はかつての大極殿を、神門は応天門《おうてんもん》を模したものである。

京都三大祭の一つとして毎年十月二十二日に行われる時代祭は、この平安神宮の祭礼である。当初は神宮創建の年に奉祝パレードとして行われ、その翌年から正式な神社の祭となった。式日の十月二十二日は、平安京に遷都がなされた当日である。

あまり知られていないが、祭当日の朝、桓武・孝明両天皇の神霊を奉戴した鳳輦《ほうれん》（神輿に似た神霊の乗り物）が平安神宮を出御し、京都御所に着御すると、建礼門《けんれいもん》前に仮設された「行在所《あんざいしょ》」（御旅所）で神事がある。そして午後からは、各時代の京都を代表する時代風俗行列が、御所から平安神宮に還御する鳳輦を先導する。すなわち、時代祭も他の主要祭礼と同じく、神幸祭─御旅所祭祀─還幸祭という形式をとっているのである。

さて、時代祭といえば誰でも思いうかべるのが、有名な風俗行列であろう。明治維新より平安期まで、時代をさかのぼりながら各時代の装束をまとった人々の隊列が続き、その後に神霊を乗せた鳳輦となる。総勢二〇〇〇名を超える大行列である。とくに戦国武将や平安女人などの人気が高いが、いずれの隊列も時代の特徴や雰囲気をビジュアルにつかめてなかなか面白い。

風俗行列の隊列には多種多様な人々や団体が参画しているが、中核は京都市内全域の学区を十一に区分して組織された崇敬団体、「平安講社」であり、全体の半数以上の隊列を担当している。つまり、時代祭は平安講社を通じて、理屈のうえでは京都市民全員が分担して支えるという形態をとっているのである。

実はこのような分担方式の登場は、京都の長い祭礼文化史のなかで画期的な出来事であった。

なぜならば、平安京の造営から近世江戸期に至るまで、京都の都市住民の全員が担い手となるような祭礼はまったくなかったからである。したがって、京都市という地方行政組織全域を単位とする時代祭の分担方式とは、都市内部で分割された小地域、すなわち各氏子区域在住の氏子が神社と祭を支えるという、近世以前の枠組みとはまったく異質の、近代的な産物であったといえよう。

山国隊と弓箭組

さて、ここでは現在の風俗行列のなかから、行列の先頭を行く維新勤王隊列の鼓笛隊と、最後尾を務める弓箭組《きゅうせんぐみ》列に注目してみよう。維新勤王隊は、戊辰《ぼしん》戦争のときに丹波国桑田《くわだ》郡山国庄（現右京区京北）より官軍に加わった農兵の山国隊がモデルである。一方、弓箭組は、弓矢の術に優れた丹波国桑田郡と船井《ふない》郡（現京都府亀岡市および南丹《なんたん》市）の郷士であり、山国隊と同じく戊辰戦争のさいに官軍として従軍した。そして時代祭が開始されるにあたり、この二つの隊の関係者が志願して、ともに行列に加わったのである。当初は、実際に従軍を経験した人々もいたという。

しかし、その後の経緯は対照的である。山国隊のほうは、経費などの問題から時代祭への参加がかなわなくなり、大正十年（一九二一）、中京区西ノ京の平安講社第八社（朱雀第一～第八学区）に役割を引き継いで、あらためて維新勤王隊列として再編され、今日に至っている。

これに対して弓箭組列は、現在でもかつての弓箭組に関係する有志たちが、一貫して祭に参列している。それゆえ同列は、研究者らの時代考証によってありさまが復元された他の隊列と違って、現役当時の面影をそのまま伝える唯一の隊列といえよう。今では観光パレード的な色彩が強い時代風俗行列ではあるが、近代の貴重な歴史を伝える要素も含まれているのである。

なお、時代祭への参列がかなわなくなっても、山国の人々にとって山国隊への思いは深いのであろう。現在では小中高校生を中心に「山国隊軍楽保存会」が組織され、地元の山国神社の祭礼、山国祭において勇壮な行進を披露している。京都市中で行われる時代祭とは違って、のどかな山里を進む山国隊は、日本各地を転戦した当時の様子を彷彿《ほうふつ》とさせてくれよう。また山国祭では、第九章で述べたとおり剣鉾の「鉾差し」も行われるので、一見をおすすめしたい。

三　おわりに

四つのポイント

京都における神社と祭について、限られた紙幅で説明できる内容は、以上でほぼつくしたと思う。最後に、それらに関して、本書での考察を通じて筆者が強調しておきたい点をいくつかまとめておこう。

第一には、すでに何度も述べてきたように、京都の神社や祭に共通する特徴の多くが、千年以上の長きにわたって都市のなかで育まれてきたという点である。たとえば、疫病への畏怖から生まれた御霊神・天王神への信仰、郊外の神社と市街地に居住する氏子とを結びつける御旅所祭祀、不特定多数の見物人のまなざしを意識して生じた祭の風流などがその典型であろう。あるいは、馬長や鉾など各祭に共通した花形的出し物も、都市的な風流の結実といえるかもしれない。

第二には、共通点の一方で、京都の住民がおしなべて単一の神社を氏神（産土神）としたのではなく、都市内部が小地域に分かれて別々の神社を氏神と信仰してきたことで、京都における神々への信仰や祭をめぐる文化が多彩なものになっている点も強調しておきたい。つまり、同じ都市でありながら、氏子区域ごとに異なる氏神を信仰し、固有の祭を執り行ってきたからこそ、それぞれ独自の特徴や個性、魅力などが伝えられているのである。さらには、本書では詳しく述べられなかったものの、京都のなかで祭同士の競い合いが生じ、それが風流をより促進させてきた可能性なども指摘できよう。

第三には、神社や祭を介した京都と地方との深い結びつきである。たとえば伏見稲荷や北野天満宮、八坂神社などは、各地に関連する神社が数多くあり、全国的な信仰の広がりがある。祭についても、第七章・第八章で説明したように、平安後期から中近世に至るまでさまざまな形で地方へ伝播した結果、馬長や田楽、鷺舞などかつて京都で流行していた出し物が、現在は地方にのみ残っている事例に事欠かない。各地の祭で出される山鉾や剣鉾にも、京都との共通点が多く見出される。したがって、日本全国の神社や祭に関しては、京都はもちろん、その他地域との結びつきも考えながら見るという視点が、常に必要といえよう。

第四には、京都の祭に関する世界的な文化遺産としての価値である。世界全体の宗教施設をみわたせば、古い由緒をもつ教会や寺院はあまたある。そういったなかにあって、京都の神社の歴史はさほど古いとはいえまい。しかし、その地の住民、主として一般民衆が維持・継承してきた行事としての祭はどうであろうか。脇田晴子氏は、祇園祭の歴史にふれるなかで「このように市民の祭りが、現在なお続いている例は、世界的にも少ない。（中略）千年も六百年も続いているお祭りを、私は他には知らない」と述べているが、[5]この指摘は、本書で述べてきた他の祭にもあてはまる。つまり京都とは、千年以上の歴史をもつ地域の祭がいくつも受け継がれてきた、世界でも稀有《けう》の都市といってよいだろう。したがって、世界から見てそれらの価値を、今こそきちんと評価する必要があるのではないだろうか。

歴史的な重層性

一方で、京都に限らず、神社や祭の歴史・特徴を考えるにあたって留意すべき点は、当初からほとんど変わらずに受け継がれてきた部分と、絶えず変化してきた部分、後から付け加えられた部分など、時代によって異なる要素が混在しており、それらの見きわめが必要ということである。たとえば、神社における祭神など、最も根本的と思われる要素でさえ、長い目で見ればよく変わっているのである(6)。

本書の内容でいえば、どうして松尾祭では西寺が廃絶してからも、その跡での神供行事が何百年にもわたって続けられているのか。あるいは逆に、なぜ鎌倉期から南北朝期にかけて各祭礼の花形が馬長から鉾へと交代したのか。この理由として、前者はより神事に近い行事であり、これに対して後者は余興的な出し物であったがゆえにそうなったという解釈もできよう。しかし、祭の内容が変化するような現象は、時代や地域によって千差万別である。祭によっては、余興的な出し物ばかり目立って、神事が形骸化してしまっている事例も多いので、一概に決めつけることはできない。

ただ、時代ごとに異なる部分が混在しているということは、神社への信仰や祭の文化とは、長い歴史のなかで過去のさまざまな要素が積み重ねられて、今に伝えられてきたものといえる。このような性格を踏まえれば、たとえばある神社・祭のどの部分が古くて、どの部分が新しいのかという知的関心もわいてくるのではないだろうか。そういった奥の深さ、すなわち歴史的な重層性こそが、神社や祭の魅力の一つともいえよう。

本書では京都を中心に考察したが、現代の日本全国にある神社や祭の多くも、過去から積み重ねられてきた奥深さを秘めている。それゆえ、まだ知られていない風習・行事や歴史的事実など、さまざまな新発見の可能性にみちているのである。あらためて手近なところからでも、できるだけ多くの神社や祭を訪ねてみてほしい。

あとがき

本書の大部分は、立命館大学などで実施した、京都における神社の神々への信仰や祭の文化に関する講義をもとに書き下ろしたものです。

平成二十五年（二〇一三）現在で、京都市を訪れる年間観光客数は五〇〇〇万人を超えるそうです（『京都観光総合調査』）。そのなかには、京都の古い神社や華やかな祭を目的に来る人も多いことでしょう。しかし、そういった多くの人々が、たとえば祭を見て楽しんだり、学んだりするにあたって、有名な祇園祭の山鉾巡行や葵祭の路頭の儀だけで終わらせてほしくない。それらに優《まさ》るとも劣らない歴史や個性、そして魅力のある祭が、他にいくつも受け継がれていることを知ってほしい――私はそういう気持ちをこめてこの本を書きました。

したがって、山鉾巡行や路頭の儀の出し物などを、一つ一つ説明することはあえてしませんでした。それらの詳しい情報は、別に多くの解説書がありますし、あるいはインターネットなどを通じても容易に入手できるからです。

これに対して力点をおいたのは、たとえば葵祭の「御蔭祭・御阿礼神事」、松尾祭の「榊御面」、稲荷祭の「忌刺榊」、祇園祭の「オハケ神事」や弓矢町「武具飾」、今宮祭の「御供所神事」、上御霊祭の御所門前「神輿振り」、そして下御霊祭などで行われている剣鉾の「鉾差し」などです。これらの多くは地味ではありますが、その歴史はおおむね中世以前にまでさかのぼり、それゆえ文化的な遺産としての価値は、山鉾巡行や路頭の儀に劣るものではありません。ぜひ一見をおすすめします。

なお、本書執筆にあたっては、紙幅が限られた一般書という性格上、京都の神社・祭に関して、多くの事柄を簡略・省略せざるをえませんでした。したがって、それらをさらに深く知りたい、学びたいと思われた方々は、巻末で提示した参考文献などにあたっていただきたいと思います。

最後に、本書の出版にあたり、多くの方々にご指導・ご教示・ご協力をいただきました。とくにさまざまなご指導・ご教示をたまわった千田稔先生には、深くお礼を申し上げます。また、本書執筆のもとになった大学での講義を与えていただいた河原典史先生をはじめとする立命館大学文学部地域研究学域の先生方、本書でとりあげた神社の神職の方々、実際の祭にたずさわっておられる方々、それに谷昇氏・高島孝佳氏・森脇裕子氏のお三方にもたいへん貴重なご助言をいただきました。もちろん、中公新書編集部酒井孝博氏の並々ならぬご尽力があってこそ、本書を世に送り出せたことはいうまでもありません。この場を借りて、皆々様方にあらためてお礼を申し上げます。

平成二十七年八月一日

本多　健一

注

第一章

(1)『日本紀略』など。
(2)『日本紀略』
(3)山田邦和『京都都市史の研究』吉川弘文館、二〇〇九、金田章裕編『平安京―京都――都市図と都市構造』京都大学出版会、二〇〇七など。
(4)高橋康夫『京都中世都市史研究』思文閣出版、一九八三など。

第二章

(1)『古今集童蒙抄』など。
(2)榎村寛之『律令天皇制祭祀の研究』塙書房、一九九六。ただし、より小さな神社、たとえば建物の鎮守などは平安京内にあったであろう。
(3)岡田精司『神社の古代史』大阪書籍、一九八五、岡田精司『京の社――神と仏の千三百年』塙書房、二〇〇〇など。
(4)『日本三代実録』
(5)『本朝月令』
(6)『年中行事秘抄』
(7)『本朝月令』
(8)三宅和朗『古代の神社と祭り』吉川弘文館、二〇〇一。
(9)『続日本紀』など。
(10)岡田精司編『古代祭祀の歴史と文学』塙書房、一九九七など。
(11)『賀茂斎院記』など。
(12)大山喬平監修、石川登志雄・宇野日出生・地主智彦編『上賀茂のもり・やしろ・まつり』思文閣出版、二〇〇六。本書でもこの慣例にしたがっている。
(13)『本朝月令』
(14)岡田精二〇〇〇など。
(15)上田正昭ほか『京の社――神々と祭り』人文書院、一九八五。
(16)『日本書紀』
(17)『二十二社註式』など。
(18)『稲荷谷響記』など。
(19)『弘法大師行状絵詞』など。ちなみにこの説は、秦氏より前に当地に土着していた古代氏族、荷田氏の伝承とみられている(岡田精二〇〇〇)。
(20)『日本文徳天皇実録』『延喜式』
(21)『台記』『梁塵秘抄』

(22) 岡田精二〇〇〇。
(23) 『二十二社註式』

第三章

(1) 高橋昌明「よごれの中の京都」(『朝日百科日本の歴史別冊歴史を読みなおす12　洛中洛外――京は"花の都"か』朝日新聞社、一九九四)。ただし中世以降は、下肥の活用などで状況はかなり改善されたらしい。
(2) 『二十二社註式』など。
(3) ただし北野天満宮には、祭神との関連で菅原氏とのつながりがあった。
(4) 『日本三代実録』
(5) 『山城名勝志』
(6) 『令義解』
(7) 『続日本紀』
(8) 上京区一条通御前西入ル西町の大将軍八神社や同区寺町通今出川上ル西入ル幸神町の幸神社は、道饗祭などとの関連も指摘されているが、定かではない。
(9) 所功『京都の三大祭』角川書店、一九九六など。
(10) 『日本紀略』
(11) 『本朝世紀』
(12) 柴田實編『御霊信仰』雄山閣出版、一九八四。
(13) 文子の建てた祠は、現在の下京区御前通七条上ル西七条北東野町にある綱敷行衛天満宮といわれる。
(14) 『北野天神縁起』諸本
(15) 『続日本後紀』
(16) 『西宮記』
(17) 『日本文徳天皇実録』
(18) 高橋昌明『酒呑童子の誕生――もうひとつの日本文化』中央公論社、一九九二。
(19) 岡田精二〇〇〇。
(20) 『本朝文粋』
(21) 『百錬抄』

第四章

(1) 神々への信仰が多様化・複雑化していった背景として、仏教の影響が指摘されている(西郷信綱・岩崎武夫編「御霊会と熊野詣」『朝日百科日本の歴史〈新訂増補〉第3巻　古代から中世へ』朝日新聞社、二〇〇五)。
(2) より厳密には、ある土地の守り神を「鎮守神」、その土地に生まれた者の守り神を「産土神」と呼んで区別する場合もあるが、本書では「産土神」に統一する。
(3)『大乗院寺社雑事記』
(4)萩原龍夫『中世祭祀組織の研究』吉川弘文館、一九六二など。
(5)萩原一九六二。
(6)『近衛文書』
(7)瀬田勝哉『洛中洛外の群像――失われた中世京都へ』平凡社、一九九四。
(8)『東大寺文書』
(9)『阿刀文書』
(10)萩原一九六二。
(11)『蔭凉軒日録』
(12)『御産所日記』
(13)『建内記』
(14)『親元日記』
(15)『覚書』
(16)秋山國三・仲村研『京都「町」の研究』法政大学出版局、一九七五。
(17)『続日本紀』
(18)岡田莊司『平安時代の国家と祭祀』続群書類従完成会、一九九四、五島邦治『京都町共同体成立史の研究』岩田書院、二〇〇四など。
(19)五島二〇〇四など。
(20)瀬田一九九四。

第五章

(1)『競馬記』など。
(2)なお、下賀茂神社でも五月三日に流鏑馬神事が実施されているが、歴史は新しい。
(3)『信長公記』など。
(4)『続日本紀』
(5)『万葉集』
(6)『瀬見小河』
(7)岡田精二〇〇〇など。
(8)『類聚国史』
(9)三宅二〇〇一など。
(10)岡田精一九九七。
(11)所一九九六。
(12)『内裏式』
(13)『百錬抄』
(14)『政事要略』
(15)三宅二〇〇一、西村さとみ『平安京の空間と文学』吉川弘文館、二〇〇五。
(16)柳田国男は、祭の風流について「風流は即ち思ひ付きといふことで、新らしい意匠を競ひ、年々目先をかへて行くのが本意であつた」としている（柳田國男「日本の祭」『新編　柳田國男集　第五巻』筑摩書房、一九七八）。風流という言葉にはさまざまな意味があるが、本書ではこのような意味で使用する。
(17) 柳田一九七八。
(18) 京都文化博物館編『京の葵祭展――王朝絵巻の歴史をひもとく』京都文化博物館、二〇〇三。
(19) 所一九九六など。
(20) 所一九九六など。
(21)『瀬見小河』所収。
(22)『小右記』
(23) 谷川健一編『日本の神々――神社と聖地　第五巻　山城・近江』白水社、一九八六など。ただし、何らかの神事は執り行われていたかもしれない。
(24) 岡田精一九九七・二〇〇〇など。
(25) 柳田一九七八など。
(26) 岡田精一九九七。
(27) 岡田精一九九七。なお、後で述べる山駈けが神を送る神事に相当するという説もある。
(28) 所一九九六など。
(29)『釈日本紀』

第六章

(1)『近畿歴覧記』など。
(2)『日本紀略』
(3)『百錬抄』『明月記』
(4)『日本紀略』
(5) 岡田荘一九九四など、ただし異説もある。
(6)『濫觴抄』
(7)『山槐記』『顕広王記』など。
(8)『明月記』
(9)『続日本後紀』
(10) 山田二〇〇九など。
(11) 五島二〇〇四など。
(12)『稲荷谷響記』
(13)『覚書』
(14) 五島二〇〇四。
(15) 黒田一充『祭祀空間の伝統と機能』清文堂出版、二〇〇四、岡田荘一九九四など。
(16)『稲荷祭中門作法』『諸国図会年中行事大成』など。
(17) 岡田精二〇〇〇。
(18)『山槐記』
(19)『山城名勝志』など。
(20) 黒田一二〇〇四。

(21) 谷川一九八六所収。
(22)『日本書紀』など。
(23) 松尾大社編『松尾大社』学生社、二〇〇七など。
(24) 黒田二〇〇四。
(25)『儀式』
(26)『日本三代実録』
(27)『清獬眼抄』
(28) 黒田二〇〇四。
(29) 平凡社編『寺院神社大事典　京都・山城』平凡社、一九九七。
(30)『山州名跡志』など。
(31)『山城名勝志』など。
(32)『水台記』『都名所車』
(33)『東寺執行日記』

第七章

(1)『中右記』
(2)『二十二社註式』
(3)『社家条々記録』
(4) 脇田晴子『中世京都と祇園祭――疫神と都市の生活』中央公論新社、一九九九。
(5)『祇園社本縁録』
(6) 久保田収『八坂神社の研究』臨川書店、一九九〇。
(7)『祇園会山鉾事』
(8)『百錬抄』
(9) 脇田一九九九。
(10) 脇田一九九九。
(11)『本朝世紀』
(12)『覚書』
(13)『雍州府志』
(14) 山路興造『京都　芸能と民俗の文化史』思文閣出版、二〇〇九。
(15) 山路二〇〇九。
(16) 五味文彦『院政期社会の研究』山川出版社、一九八四。
(17)『實躬卿記』『百錬抄』など。
(18) 山路二〇〇九。
(19) 福原敏男『祭礼文化史の研究』法政大学出版局、一九九五。
(20)『建内記』
(21)『師守記』
(22)『中右記』『若宮祭礼記』など。
(23) 永島福太郎ほか『祈りの舞――春日若宮おん祭』東方出版、一九九一。
(24)『若宮祭礼記』など。

(25)『春日大宮若宮御祭礼図』
(26)植木行宣『中世芸能の形成過程』岩田書院、二〇〇九a、山路興造『中世芸能の底流』岩田書院、二〇一〇など。
(27)『濫觴抄』、第六章参照。
(28)『中右記』
(29)『太平記』
(30)『経俊卿記』など。
(31)『申楽談儀』
(32)『洛陽田楽記』
(33)山路二〇一〇。
(34)植木行宣『舞台芸能の伝流』岩田書院、二〇〇九b、山路二〇一〇。
(35)五島二〇〇四。
(36)『百錬抄』
(37)『師守記』
(38)高橋康一九八三など。
(39)『覚書』
(40)『日次紀事』など。
(41)河音能平『中世封建社会の首都と農村』東京大学出版会、一九八四。
(42)山路二〇〇九。
(43)河音一九八四など。
(44)谷川一九八六。

第八章

(1)川嶋將生『祇園祭——祝祭の京都』吉川弘文館、二〇一〇。
(2)植木行宣『山・鉾・屋台の祭り——風流の開花』白水社、二〇〇一、山路二〇〇九。
(3)脇田一九九九。
(4)『花園天皇宸記』
(5)『後愚昧記』
(6)山路二〇〇九。
(7)『師守記』
(8)『師守記』
(9)『祇園会山鉾事』
(10)河内将芳『中世京都の都市と宗教』思文閣出版、二〇〇六、河内将芳『祇園祭と戦国京都』角川学芸出版、二〇〇七、河内将芳『祇園祭の中世——室町・戦国期を中心に』思文閣出版、二〇一二。
(11)『後愚昧記』
(12)『後愚昧記』など。
(13)『後愚昧記』
(14)下坂守「「山訴」の実相とその歴史的意義——延

暦寺惣寺と幕府権力との関係を中心に」（河音能平・福田榮次郎編『延暦寺と中世社会』法蔵館、二〇〇四）。
(15)『康富記』『北野社家日記』など。
(16)『在盛卿記』『祇園社記続録』など。
(17)『康富記』
(18)『菅家御伝記』など。
(19)『百錬抄』
(20)『勘仲記』
(21)山路二〇〇九など。
(22)脇田一九九九。
(23)山口市教育委員会編『山口県指定無形民俗文化財　鷺の舞』山口市教育委員会、一九八一。
(24)所一九九六。
(25)本多健一『中近世京都の祭礼と空間構造——御霊祭・今宮祭・六斎念仏』吉川弘文館、二〇一三。
(26)本多二〇一三。
(27)河内二〇〇六、三枝暁子『比叡山と室町幕府——寺社と武家の京都支配』東京大学出版会、二〇一一など。

第九章

(1)高橋康一九八三など。
(2)河内二〇〇六・二〇〇七・二〇一二。
(3)『大乗院寺社雑事記』など。
(4)『八坂神社文書』
(5)『後慈眼院殿御記』
(6)『八坂神社文書』
(7)『八坂神社文書』
(8)『後法成寺関白記』『実隆公記』
(9)『後法成寺関白記』
(10)『言継卿記』など。
(11)『山城名跡巡行志』など。
(12)本多二〇一三。
(13)『親長卿記』など。
(14)『御湯殿上日記』
(15)『時慶記』
(16)『言国卿記』『言経卿記』など。
(17)「吹散」「見送り」は、かつての幡ないし領巾から進化した可能性がある。
(18)黒田日出男『謎解き洛中洛外図』岩波書店、一九九六など。
(19)本多二〇一三。
(20)『実隆公記』
(21)ともに京都の民俗文化総合活性化プロジェクト

実行委員会編『京都の剣鉾まつり』京都の民俗文化総合活性化プロジェクト実行委員会、二〇一一所収。

(22) 村上隆『金・銀・銅の日本史』岩波書店、二〇〇七。

(23) 例外として、粟田神社・粟田祭の「夜渡り神事」では、剣鉾が神輿渡御とまったく別に巡行しているが、その目的が疫神を集め回ることであるという確認はとれない。

(24) 福持昌之氏は、剣鉾における剣先の独特な意匠を、三鍬形兜の前立が取り入れられて強力な神霊を宿したものではないかとし、筆者と近い見解を明らかにしている（京都市文化財保護課二〇一五など）。

(25)『看聞御記』

(26) 杉森哲也『近世京都の都市と社会』東京大学出版会、二〇〇八など。

(27) 北野神社社務所編『北野誌　首巻』國學院大學出版部、一九〇九など。

(28)『隔蓂記』『日次紀事』

終章

(1) 京都文化博物館二〇〇三など。

(2) 村上忠喜「神性を帯びる山鉾――近世祇園祭山鉾の変化」（日次紀事研究会編『年中行事論叢――「日次紀事」からの出発』岩田書院、二〇一〇）。

(3)「京都府令」

(4) 岡田精二〇〇〇。

(5) 脇田一九九九。

(6) 岡田精二〇〇〇。

※本書の内容の一部は、『創造する市民』一〇四号、京都市生涯学習振興財団・京都市生涯学習総合センター、二〇一五で発表した。

主要参考文献一覧

秋山國三・仲村研『京都「町」の研究』法政大学出版局、一九七五。

新木直人『葵祭の始原の祭り―御生神事―御蔭祭を探る』ナカニシヤ出版、二〇〇八。

伊藤裕久「江戸・東京の祭礼空間――伝統都市の分節構造」（都市史研究会編『年報都市史研究』一二号、山川出版社、二〇〇四）。

井上頼壽『京都古習志』臨川書店、一九八八。

今谷明『京都・一五四七年――描かれた中世都市』平凡社、一九八八。

植木行宣『山・鉾・屋台の祭り――風流の開花』白水社、二〇〇一。

植木行宣『中世芸能の形成過程』岩田書院、二〇〇九a。

植木行宣『舞台芸能の伝流』岩田書院、二〇〇九b。

上田正昭ほか『京の社――神々と祭り』人文書院、一九八五。

梅原猛『京都発見　一　地霊鎮魂』新潮社、一九九七。

榎村寛之『律令天皇制祭祀の研究』塙書房、一九九六。

榎村寛之『古代の都と神々――怪異を吸いとる神社』吉川弘文館、二〇〇八。

大村拓生『中世京都首都論』吉川弘文館、二〇〇六。

大山喬平監修、石川登志雄・宇野日出生・地主智彦編『上賀茂のもり・やしろ・まつり』思文閣出版、二〇〇六。

岡田莊司『平安時代の国家と祭祀』続群書類従完成会、一九九四。

岡田精司『神社の古代史』大阪書籍、一九八五。

岡田精司編『古代祭祀の歴史と文学』塙書房、一九九七。

岡田精司『京の社――神と仏の千三百年』塙書房、二〇〇〇。

河内将芳『中世京都の都市と宗教』思文閣出版、二〇〇六。

河内将芳『祇園祭と戦国京都』角川学芸出版、二〇〇七。

河内将芳『信長が見た戦国京都――城塞に囲まれた異貌の都』洋泉社、二〇一〇。

河内将芳『祇園祭の中世――室町・戦国期を中心に』思文閣出版、二〇一二。

川嶋將生『祇園祭――祝祭の京都』吉川弘文館、二〇一〇。

河音能平『中世封建社会の首都と農村』東京大学出版

会、一九八四。

北野神社社務所編『北野誌　首巻』國學院大學出版部、一九〇九。

京都市社会教育総合センター・京都市社会教育振興財団編『京の祭の遺宝——剣鉾の伝統展』京都市社会教育振興財団、一九八六。

京都市文化市民局文化芸術都市推進室文化財保護課編『京都市文化財ブックス第29集　剣鉾のまつり』京都市文化市民局文化芸術都市推進室文化財保護課、二〇一五。

京都の民俗文化総合活性化プロジェクト実行委員会編『京都の剣鉾まつり』京都の民俗文化総合活性化プロジェクト実行委員会、二〇一一。

京都文化博物館編『京の葵祭展——王朝絵巻の歴史をひもとく』京都文化博物館、二〇〇三。

金田章裕編『平安京—京都——都市図と都市構造』京都大学出版会、二〇〇七。

久保田収『八坂神社の研究』臨川書店、一九九〇。

黒田一充『祭祀空間の伝統と機能』清文堂出版、二〇〇四。

黒田日出男『謎解き洛中洛外図』岩波書店、一九九六。

五島邦治『京都町共同体成立史の研究』岩田書院、二〇〇四。

小島道裕『描かれた戦国の京都——洛中洛外図屛風を読む』吉川弘文館、二〇〇九。

五味文彦『院政期社会の研究』山川出版社、一九八四。

西郷信綱・岩崎武夫編「御霊会と熊野詣」(『朝日百科日本の歴史〈新訂増補〉第3巻　古代から中世へ』朝日新聞社、二〇〇五)。

志賀剛『式内社の研究　第三巻　山城・河内・和泉・摂津』雄山閣出版、一九七七。

式内社研究会編『式内社調査報告』皇學館大学出版部、一九七六—一九九五。

柴田實編『御霊信仰』雄山閣出版、一九八四。

下坂守「「山訴」の実相とその歴史的意義——延暦寺惣寺と幕府権力との関係を中心に」(河音能平・福田榮次郎編『延暦寺と中世社会』法藏館、二〇〇四)。

杉森哲也『近世京都の都市と社会』東京大学出版会、二〇〇八。

瀬田勝哉『洛中洛外の群像——失われた中世京都へ』平凡社、一九九四。

千田稔『古代日本の王権空間』吉川弘文館、二〇〇四。

千田稔・本多健一・飯塚隆藤・鈴木耕太郎編『京都まちかど遺産めぐり——なにげない風景から歴史を読み取る』ナカニシヤ出版、二〇一四。

高橋昌明『酒呑童子の誕生——もうひとつの日本文

化』中央公論社、一九九二。

高橋昌明「よごれの中の京都」(『朝日百科日本の歴史 別冊歴史を読みなおす12 洛中洛外――京は〝花の都〟か』朝日新聞社、一九九四)。

高橋康夫『京都中世都市史研究』思文閣出版、一九八三。

高橋康夫・吉田伸之・宮本雅明・伊藤毅編『図集日本都市史』東京大学出版会、一九九三。

建内光儀『上賀茂神社』学生社、二〇〇三。

谷川健一編『日本の神々――神社と聖地 第五巻 山城・近江』白水社、一九八六。

角田文衞監修、古代学協会・古代学研究会編『平安京提要』角川書店、一九九四。

所功『京都の三大祭』角川書店、一九九六。

直江廣治編『稲荷信仰』雄山閣出版、一九八三。

永島福太郎ほか『祈りの舞――春日若宮おん祭』東方出版、一九九一。

中村修也『平安京の暮らしと行政』山川出版社、二〇〇一。

西村さとみ『平安京の空間と文学』吉川弘文館、二〇〇五。

西村豊・三枝暁子『京都 天神をまつる人びと――ずいきみこしと西之京』岩波書店、二〇一四。

萩原龍夫『中世祭祀組織の研究』吉川弘文館、一九六二。

福原敏男『祭礼文化史の研究』法政大学出版局、一九九五。

伏見稲荷大社御鎮座千三百年史調査執筆委員会編『伏見稲荷大社御鎮座千三百年史』伏見稲荷大社、二〇一一。

二木謙一『中世武家儀礼の研究』吉川弘文館、一九八五。

平凡社編『寺院神社大事典 京都・山城』平凡社、一九九七。

本多健一『中近世京都の祭礼と空間構造――御霊祭・今宮祭・六斎念仏』吉川弘文館、二〇一三。

松尾大社編『松尾大社』学生社、二〇〇七。

松前健『松前健著作集 第3巻 神社とその伝承』おうふう、一九九七。

三枝暁子『比叡山と室町幕府――寺社と武家の京都支配』東京大学出版会、二〇一一。

三宅和朗『古代の神社と祭り』吉川弘文館、二〇〇一。

村上忠喜「神性を帯びる山鉾――近世祇園祭山鉾の変化」(日次紀事研究会編『年中行事論叢――「日次紀事」からの出発』岩田書院、二〇一〇)。

村上隆『金・銀・銅の日本史』岩波書店、二〇〇七。

守屋毅『中世芸能の幻像』淡交社、一九八五。

柳田國男「氏神と氏子」(『定本　柳田國男集　第十一巻』筑摩書房、一九六三)。

柳田國男「日本の祭」(『新編　柳田國男集　第五巻』筑摩書房、一九七八)。

山口市教育委員会編『山口県指定無形民俗文化財　鷺の舞』山口市教育委員会、一九八一。

山路興造『京都　芸能と民俗の文化史』思文閣出版、二〇〇九。

山路興造『中世芸能の底流』岩田書院、二〇一〇。

山田邦和『京都都市史の研究』吉川弘文館、二〇〇九。

芳井敬郎編『祇園祭』松籟社、一九九四。

米山俊直『祇園祭――都市人類学ことはじめ』中央公論社、一九七四。

米山俊直『ドキュメント祇園祭――都市と祭と民衆と』日本放送出版協会、一九八六。

脇田晴子『日本中世都市論』東京大学出版会、一九八一。

脇田晴子『中世京都と祇園祭――疫神と都市の生活』中央公論新社、一九九九。

※本書では、一般書という性格上、書籍に収録されていない学術論文などは原則として割愛した。ご容赦をたまわりたい。

地図制作　関根美有

本多健一（ほんだ・けんいち）

1965年千葉県生まれ．早稲田大学教育学部卒業，石油会社での勤務を経て，立命館大学大学院文学研究科人文学専攻地理学専修・博士課程後期課程修了．現在，立命館大学・関西学院大学などの非常勤講師および立命館大学客員協力研究員．博士（文学）．専攻，歴史地理学・歴史民俗学．

主著『中近世京都の祭礼と空間構造』（吉川弘文館，2013），『京都まちかど遺産めぐり』（共編著，ナカニシヤ出版，2014）

京都《きょうと》の神社《じんじゃ》と祭《まつ》り

中公新書 *2345*

2015年10月25日初版
2022年11月30日再版

著　者　本多健一
発行者　安部順一

本文印刷　三晃印刷
カバー印刷　大熊整美堂
製　　本　小泉製本

発行所　中央公論新社
〒100-8152
東京都千代田区大手町 1-7-1
電話　販売 03-5299-1730
　　　編集 03-5299-1830
URL https://www.chuko.co.jp/

Published by CHUOKORON-SHINSHA, INC.
Printed in Japan　ISBN978-4-12-102345-2 C1221

中公新書刊行のことば

いまからちょうど五世紀まえ、グーテンベルクが近代印刷術を発明したとき、書物の大量生産は潜在的可能性を獲得し、いまからちょうど一世紀まえ、世界のおもな文明国で義務教育制度が採用されたとき、書物の大量需要の潜在性が形成された。この二つの潜在性がはげしく現実化したのが現代である。

いまや、書物によって視野を拡大し、変りゆく世界に豊かに対応しようとする強い要求を私たちは抑えることができない。この要求にこたえる義務を、今日の書物は背負っている。だが、その義務は、たんに専門的知識の通俗化をはかることによって果たされるものでもなく、通俗的好奇心にうったえて、いたずらに発行部数の巨大さを誇ることによって果たされるものでもない。現代を真摯に生きようとする読者に、真に知るに価いする知識だけを選びだして提供すること、これが中公新書の最大の目標である。

私たちは、知識として錯覚しているものによってしばしば動かされ、裏切られる。私たちは、作為によってあたえられた知識のうえに生きることがあまりに多く、ゆるぎない事実を通して思索することがあまりにすくない。中公新書が、その一貫した特色として自らに課すものは、この事実のみの持つ無条件の説得力を発揮させることである。現代にあらたな意味を投げかけるべく待機している過去の歴史的事実もまた、中公新書によって数多く発掘されるであろう。

中公新書は、現代を自らの眼で見つめようとする、逞しい知的な読者の活力となることを欲している。

一九六二年一一月

日本史

2189 歴史の愉しみ方　磯田道史
2455 日本史の内幕　磯田道史
2295 天災から日本史を読みなおす　磯田道史
2579 米の日本史　佐藤洋一郎
2389 通貨の日本史　高木久史
2321 道路の日本史　武部健一
2494 温泉の日本史　石川理夫
2671 親孝行の日本史　勝又基
2500 日本史の論点　中公新書編集部編
1617 歴代天皇総覧（増補版）　笠原英彦
2302 日本人にとって聖なるものとは何か　上野誠
2619 もののけの日本史　小山聡子
1928 物語 京都の歴史　脇田修・脇田晴子
2345 京都の神社と祭り　本多健一
2654 日本の先史時代　藤尾慎一郎

2709 縄文人と弥生人　坂野徹
482 倭国　岡田英弘
147 騎馬民族国家（改版）　江上波夫
2164 魏志倭人伝の謎を解く　渡邉義浩
1085 古代朝鮮と倭族　鳥越憲三郎
2533 古代日中関係史　河上麻由子
2470 倭の五王　河内春人
2462 大嘗祭―天皇制と日本文化の源流　工藤隆
2095 『古事記』神話の謎を解く　西條勉
1502 日本書紀の謎を解く　森博達
2362 六国史《りっこくし》―日本書紀に始まる古代の「正史」　遠藤慶太
2673 国造―大和政権と地方豪族　篠川賢
804 蝦夷《えみし》　高橋崇
1041 蝦夷《えみし》の末裔　高橋崇
2699 大化改新（新版）　遠山美都男
1293 壬申の乱　遠山美都男
2636 古代日本の官僚　虎尾達哉

1568 天皇誕生　遠山美都男
2371 カラー版 古代飛鳥を歩く　千田稔
2168 飛鳥の木簡―古代史の新たな解明　市大樹
2353 蘇我氏―古代豪族の興亡　倉本一宏
2464 藤原氏―権力中枢の一族　倉本一宏
2563 持統天皇　瀧浪貞子
2457 光明皇后　瀧浪貞子
2648 藤原仲麻呂　仁藤敦史
2452 斎宮―伊勢斎王たちの生きた古代史　榎村寛之
2441 大伴家持　藤井一二
2510 公卿《くぎょう》会議―論戦する宮廷貴族たち　美川圭
2536 天皇の装束　近藤好和
2559 菅原道真　滝川幸司
2281 怨霊とは何か　山田雄司
2662 荘園　伊藤俊一
2725 奈良時代　木本好信
2729 日本史を暴く　磯田道史

中公新書

宗教・倫理

b 1

2293 教養としての宗教入門　中村圭志
2459 聖書、コーラン、仏典　中村圭志
2668 宗教図像学入門　中村圭志
2158 神道とは何か　伊藤聡
1130 仏教とは何か　山折哲雄
2135 仏教、本当の教え　植木雅俊
2616 法華経とは何か　植木雅俊
2416 浄土真宗とは何か　小山聡子
2365 禅の教室　藤田一照・伊藤比呂美
134 地獄の思想　梅原猛
989 儒教とは何か（増補版）　加地伸行
1707 ヒンドゥー教―インドの聖と俗　森本達雄
2261 旧約聖書の謎　長谷川修一
2076 アメリカと宗教　堀内一史
2360 キリスト教と戦争　石川明人
2642 宗教と過激思想　藤原聖子
2453 イスラームの歴史　K・アームストロング　小林朋則訳
2639 宗教と日本人　岡本亮輔
2306 聖地巡礼　岡本亮輔
2310 山岳信仰　鈴木正崇
2499 仏像と日本人　碧海寿広
2598 倫理学入門　品川哲彦

中公新書

日本史

d 3

- 2675 江戸—平安時代から家康の建設へ　齋藤慎一
- 476 江戸時代　大石慎三郎
- 2552 藩とは何か　藤田達生
- 2565 大御所　徳川家康　三鬼清一郎
- 2723 徳川家康の決断　本多隆成
- 1227 保科正之《ほしなまさゆき》　中村彰彦
- 740 元禄御畳奉行の日記　神坂次郎
- 2531 火付盗賊《ひつけとうぞく》　改《あらため》　高橋義夫
- 853 遊女の文化史　佐伯順子
- 2376 江戸の災害史　倉地克直
- 2584 椿井文書—日本最大級の偽文書　馬部隆弘
- 2380 ペリー来航　西川武臣
- 2047 オランダ風説書　松方冬子
- 1958 幕末維新と佐賀藩　毛利敏彦
- 2497 公家たちの幕末維新　刑部芳則
- 1754 幕末歴史散歩　東京篇　一坂太郎
- 1811 幕末歴史散歩　京阪神篇　一坂太郎
- 2617 暗殺の幕末維新史　一坂太郎
- 1773 新選組　大石学
- 2040 鳥羽伏見の戦い　野口武彦
- 455 戊辰戦争　佐々木克
- 1235 奥羽越列藩同盟　星亮一
- 1728 会津落城　星亮一
- 2498 斗南《となみ》藩—「朝敵」会津藩士たちの苦難と再起　星亮一

中公新書

地域・文化・紀行

t1

285 日本人と日本文化 ドナルド・キーン 司馬遼太郎
605 絵巻物に見る日本庶民生活誌 宮本常一
201 照葉樹林文化 上山春平編
799 沖縄の歴史と文化 外間守善
2711 京都の山と川 鈴木康久 肉戸裕行
2298 四国遍路 森　正人
2151 国土と日本人 大石久和
2487 カラー版 ふしぎな県境 西村まさゆき
1810 日本の庭園 進士五十八
2633 日本の歴史的建造物 光井　渉
2511 外国人が見た日本 内田宗治
1009 トルコのもう一つの顔 小島剛一
2032 ハプスブルク三都物語 河野純一
2183 アイルランド紀行 栩木伸明
1670 ドイツ 町から町へ 池内　紀
1742 ひとり旅は楽し 池内　紀
2023 東京ひとり散歩 池内　紀
2118 今夜もひとり居酒屋 池内　紀
2331 カラー版 廃線紀行―もうひとつの鉄道旅 梯　久美子
2290 酒場詩人の流儀 吉田　類
2472 酒は人の上に人を造らず 吉田　類
2721 京都の食文化 佐藤洋一郎
2690 北海道を味わう 小泉武夫